< 선비들의 평생 공부법 시리즈 3부작 제1권 >

(공부에 모든 것을 걸 줄 안 공부의 대가들)

조선 최고의 지식 경영자

김병완

" 선비들에게 공부는 기술이 아니라, 인생 그 자체였다."

< 선비들의 평생 공부법 시리즈 3부작 제1권 >

(공부에 모든 것을 걸 줄 안 공부의 대가들)

조선 최고의 지식 경영자.

공부로 세상을 읽고, 지식으로 인생을 경영한
선비들

“ 선비들에게 공부는 기술이 아니라, 인생 그 자체였다.”

머리말 _ 백년도 못 되는 인생이 공부를 하지 않는다면 ...

조선 선비들에게 있어서 공부란 과연 어떤 것이었을까? 그리고 그들은 왜 목숨을 걸고 그렇게 공부했던 것일까? 누구를 위한, 무엇을 위한, 또 무엇을 했던 것일까?

이 책은 바로 이러한 질문에 대해 순수하게 공부라는 측면에 대해서 그들을 탐구하고 연구한 결과물이라고 할 수 있다.

‘공부를 그저 출세의 수단으로만 여겨서는 공부도 잃고 나도 잃는다.’

‘백년도 못 되는 인생이 공부를 하지 않는다면 이 세상에 살다 간 보람을 어디서 찾겠는가?’

‘ 사람이 세상에 나서 책을 안 읽고(공부를 하지 않고) 무슨 일을 하겠는가?’

조선 최고의 지식 경영자 다산 정약용 선생의 이 말처럼 공부는 해도 되고, 안 해도 되는 것이 아니라는 생각이 든다. 어제 배운 지식이 오늘은 더 이상 쓸모없는 죽은 지식이 되어 버리는 그런 21세기 변혁의 시대에는 더욱더 공부의 필요성이 강조된다.

이러한 치열한 시대에도 불구하고 공부를 하지 않는 사람들은 과연 무슨 배짱으로 하루하루를 살아가고 있는 것일까?

조선 시대 우리의 선비들은 과연 공부란 것을

무엇이라고 여겼고, 공부를 어떤 마음 자세로 했던 것일까? 그래서 그분들이 공부를 통해 이루고 배우고 익힌 것들은 과연 어떤 것이었을까?

필자는 예전에 중국 현인들의 공부법에 대한 주제의 어떤 책을 읽고서 큰 감명을 받았다. 하지만 한 가지 불만이 생겼다. 그것은 이것이었다.

‘ 왜 한국의 선비들도 이들 못지않게 공부의 대가들이었고, 공부에 모든 것을 걸고 공부를 통해 이룬 것이 적지 않았는데도 다른 나라의 현인들에 대한 공부법이란 책이 먼저 나온 것일까?’

이러한 불만을 품고, 반드시 우리 선조들의 공부법에 대한 책을 쓰겠다고 결심했다. 하지만 먹고 살기에 바빠서 시작하고 결단하지 못하다가 이제 겨우 시작하게 되었던 것이다. 이 책은 바로 그러한 동기에서 씨앗을 이미 품었던 책이었음을 미리 밝혀 둔다.

이 책을 통해 얻을 수 있는 한 가지 유익함은 우리 선조들의 공부에 대한 치열한 자세와 공부에 대한 생각을 확실하게 알 수 있게 될 것이라는 것이다.

다산 선생을 매우 존경했던 한 명으로서, 이제 좀 더 그 존경의 범위를 확산시켜 다양한 조선 선비들의 공부법과 공부에 대한 그분들의 치열한 의식을 파헤침으로써 우리 선조의 공부에 대해 좀 더 깊고 넓게 알아보고 싶었다.

다산 선생의 말들을 통해 평생 공부하는 사람이 모름지기 가져야 할 자세와 의식을 배웠다면 이제 범위를 확산시켜 다른 선조들의 공부의 세계에 빠져들고 싶었다.

이 책은 우리 선조들의 공부법에 대한 치열한

공부의 부산물이기도 하다. 그리고 또한 이 책은 지금까지 제대로 종합적으로 정리되지 못 한 우리 선조들의 공부에 대한 종합적인 탐구서이자 선조들의 공부에 대해 연구하고 공부하고자 하는 사람들의 첫 입문서 역할을 제대로 해 줄 것이라고 생각한다.

서양의 현인들, 중국의 현인들에 대해서 공부하고 연구한 책들은 지금도 우리 선조들에 대한 공부와 연구보다 훨씬 더 많다는 사실은 가슴 아픈 현실이기도 하다.

그렇기 때문에 이 책은 조금이라도 이러한 사실을 회복시키기 위한 몸부림이라고 생각해야 할 것 같다.

우리 선조들의 공부법을 보면 몇 가지 두드러진 특징이 있다. 그것들을 먼저 정리해 보면 '공부는 사람다운 사람이 되기 위해 누구나 해야만 하는 아주 가까이 있는 것이며, 특별한 사람만이 하는 것은 아니다' 라고 강조한 율곡 이이와 '옥도 다듬지 않을 수 없고, 재목도 깎지 않을 수 없으며, 사람도 배우지 않을 수 없는 것이다.' 라고 말한 담헌 홍대용 선생, 그리고 ' ' 사람이 세상에 나서 책을 안 읽고(공부를 하지 않고) 무슨 일을 하겠는가?' 라고 말한 다산 정약용 선생의 말처럼 공부는 사람이라면 누구나 해야 하는 것이라는 사실을 강조했음을 알 수 있다.

'공부를 그저 출세의 수단으로만 여겨서는 공부도 잃고 나도 잃는다.' 라고 말한 다산 선생과 " 독서를 하면서 써먹을 것을 구하는 것은 모두 사심에서 비롯된 것인데, 해 마칠 때까지 독서를 해도 학문에 진보가 없는 것은 사의(私意)가 그것을 해치기 때문이다." 라고 말한 연암 박지원 선생의 말에서처럼 공부는 다른 수단을 위해서 하는 것이 아니라는 것을 알 수 있다.

또한 선비들의 공부법을 통해 배울 수 있는 것

들은 '명색은 책을 읽는다 하면서 실제 몸으로 행하지 못하면 문장을 아름답게 꾸미게 하고 입만 번지르르하게 하는 도구일 뿐이니, 진정한 학문', 즉 참된 공부가 아니다' 라고 말한 명재 윤증의 말을 토대로 볼 때, 행함을 강조했다는 것을 알 수 있다.

우리 선조들의 공부에 대한 생각을 큰 것들로만 몇 가지 정리해 보면 이렇다.

첫째, 공부는 인간이라면 누구나 마땅히 해야 하는 것.
둘째, 공부를 다른 것들의 수단으로 여겨서는 안 된다는 것.
셋째. 공부하는 데 잔 꾀를 부리지 않는 다는 것.
넷째. 공부를 했다면 몸으로 행해야 한다는 것.
다섯째. 공부를 했다면 자신이 겸손해 져야 한

다는 것.

한 마디로 우리 조상들의 공부에 대한 견해는 '사람으로서 세상에 태어났다면, 반드시 해야 하는 것이며, 그것에 진정한 기쁨과 즐거움과 삶의 의미와 인간답게 살아가는 길이 있으며, 더불어 몸으로 실천하는 행함이 어우러지는 삶으로서의 공부' 를 의미하는 것 같다.

우리 선조들의 공부법을 통해 보다 밝은 한국사회와 미래를 열어 가는 데 조금 이라도 일조를 했으면 좋겠다.

끝으로 이 책을 읽는 독자들이 오해를 하지 않아야 할 점이 하나 있다. 그것은 이미 조선의 선비들에 대한 공부에 대한 좋은 책들이 권위 있는 학자들에 의해 많이 출간되어 있는 것은 사실이다. 하지만 그 책들이 모두 수준이 높고 다소 일반 대중들이 보기에 어렵다는 것이다. 일반 대중들이 접근하기에는 다소 학문적이고 난해하다는 점을 부인할 수 없다.

이 책은 바로 이러한 점을 해결해 주는 교량 역할을 하는 책이라고 할 수 있다. 즉 필자의 가장 큰 장점은 어려운 주제나 이야기를 대중들이 쉽고 편하게 재미있고 유익하게 읽을 수 있도록 풀어서 전달해 주는 그런 대중적인 글쓰기라는 점이다.

이 책도 바로 그런 책이다. 조선 선비들에 대해 잘 설명해 놓은 수준 높은 책들을 좀 더 쉽고 편하고 재미도 있게 적절하게 소개함으로써 독자들로 하여금 난해하고 어려운 책들을 좀 더 쉽고 편하게 읽을 수 있도록 해 주는 국문학과 조선 선비들의 공부에 대한 대중적인 입문서 역할을 해 주는 책이라는 점이다.

그래서 이미 조선의 선비에 대한 학식이 높은 사람들은 그저 참조용으로 읽으면 될 것이고, 일반 대중들은 수준이 높고 이해하기 힘들고 그래서 재미가 반감되었던, 그래서 잘 읽지 않았던 선비들의 공부에 대한 주제의 책들을 좀 더 재미있게 읽기 위한 입문서로 사용하면 좋을 책임을 미리 밝혀 둔다.

한국의 지식인 혹은 교양인으로서 최소한 우리 선조들의 공부에 대하여 알고 있어야 할 정도의 교양을 위한 책으로 읽어도 별 무리가 없을 것이다. 너무 딱딱하고 어렵지 않게 대중들을 위한 선비들의 평생 공부법이란 이 책을 통해 과거 우리 선조들의 공부의 발자취를 더듬어 보는 좋은 기회가 되었으면 좋겠다.

마지막으로 우리가 꼭 알아야 할 우리 선조들의 공부법에 대해 마지막에 정리해 놓았다. 그것을 약간만 더 간단히 소개하면 이렇다.

조선 시대 최고의 지식 경영 대가라고 해도 손색이 없는 다산 선생의 공부법은 한 마디로 '초서법' 이다. 그리고 선비는 아니었지만, 평생 책을 읽고 공부를 하여 일가를 이루었다는 점에서 조선 시대의 선비와 하나도 다를 바 없는 세종대왕의 공부법은 '백독백습' 이다. 백 번이나 반복해서 읽고, 백 번이나 쓰는 공부법이었다. 명재 윤증 선생도 역시 기록하는 공부인 차기공부(箚記工夫)를 강조했다.

남명 조식과 화담 서경덕은 모두 공부란 사물을 궁구하는 것이며 깊이 생각하고 사색하는 공부를 강조했던 선비들이었다. 또한 퇴계 이황은 공부란 거울을 닦는 것과 같기 때문에 쉬지 말고 반복해서 해야 하는 것이라고 말했다. 그렇기 때문에 당연히 그의 공부는 오래도록 하는 구원공부(久遠工夫)였던 것이고, 힘들도록 부지런하게 해야 하는 근고공부(勤苦工夫)였던 것이다.

율곡 이이의 공부법은 자경문을 통해 스스로 마음을 다잡아 스스로 해 나가는 공부였다. 그리고 혜강 최한기 선생은 세상의 출세보다는 공부 그 자체에 열정을 가지고 공부를 좋아했던 인물이었다. 담헌 홍대용 선생은 입이 아닌 마음으로 읽는 독서와 공부를 강조했다. 마음을 다잡기 위해서 책을 읽거나 공부할 때 몸가짐을 바로 하는 것을 중요하게 생각했다.

명재 윤증 선생은 행함이 없는 공부는 공부라고 하지 않았고, 언제 어디서든 공부를 해야 하고, 쉬지 않고 해야 한다는 것을 강조하면서, 큰 사람이 되는 공부를 하라고 강조했다.

퇴계이황 선생은 공부란 거울을 닦는 것과 같다고 하면서 인격을 위한 공부를 하라고 말했다. 성호 이익 선생은 자만심을 경계하고 날마다 새롭게 되는 공부를 하라고 강조했다. 화담 서경덕 선생은 공부를 하면 누구나 성인이 될 수 있다는 주장을 했고, 독서보다는 사색을 통한 공부를 강조했다. 특히 기억에 남는 것은 책을 통해 사색을 한 것이 아니라 책 없이 사색을 통해 이치를 깨닫고 그 후 책을 통해 확인하는 공부였다는 점이다.

공부법과 함께 조선 시대 선비 중에서 가장 인상에 남는 독서법을 실천했던 선비 중에서 백곡 김득신 선생을 빼놓을 수 없을 듯하다. 그는 억만 번을 읽고 또 읽어서 결국 일가를 이루고 이름을 남긴 학자였다.

그와 함께 쌍벽을 이루는 독서의 대가가 바로 '간서치' 로 널리 알려진 청정관 이덕무였다. 그는 평생 2만 권이 넘는 책을 읽었고, 남들보다 한 단계 더 규율이 있는 공부를 했던 학자였다.

조선의 선비 중에 빼 놓을 수 없었던 인물은 바로 '혜강 최한기' 선생이다. 그는 출세보다는 공부를 선택했고, 과거의 전통적인 학문보다는 미래를 선택했던 학자였다. 놀랍게도 그는 1,000권의 책을 집필했던 조선 제일 선비였던 것이다.

조선 선비들의 대표적인 공부 비법과 특징을 간단하게 요약하여 정리해 보면 이렇다.

– 메모하고 기록하고 필기하는 공부 _ 다산 정약용, 명재 윤증, 세종대왕.
– 깊이 생각하고 궁리하는 공부 _ 남명 조식. 화담 서경덕, 다산 정약용.
– 반복해서 읽고 습득하는 공부 _ 세종대왕, 성호 이익, 퇴계 이황.
– 입이 아닌 마음으로 읽고 공부 _ 담헌 홍대용. 퇴계 이황, 율곡 이이.
– 중요한 대목은 암기하고 체득하는 공부 _ 담헌 홍대용.
– 언제 어디서든 쉬지 않는 공부 _ 명재 윤증. 퇴계 이황.
– 진리 탐구에 그치지 말고 실천하는 공부 _ 명재 윤증. 담헌 홍대용. 남명 조식,
– 세상에 도움을 주고 편안케 하는 공부 _ 성호 이익, 연암 박지원.
– 말을 적게 하고, 내면을 채우기 위한 공부. _

담헌 홍대용. 퇴계 이황. 율곡 이이.

 – 큰 사람이 되는 공부 _ 명재 윤증. 율곡 이이, 화담 서경덕,

목차

– 거친 유배 생활에서 학문에 더욱 힘쓰다.
– 실제에 쓸모가 없다면 헛공부다.
– 무겁고 깊은 공부를 하라.
– 공부하지 않으면 변변치 못한 자가 된다.
– 공부할 때 가장 먼저 해야 할 세 가지 일.
– 공부는 천하에 공평한 것이다.
– 독서야말로 인간의 본분이다.
– 독서에도 방법이 있다.
– 메모하고 기록하는 독서를 하라.
– 깊이 생각하는 독서를 하라.

연암 박지원 _ 공부에는 왕도가 따로 없다.

– 하루 공부하지 않으면 얼굴빛이 달라진다.
– 조선 최고의 베스트셀러 작가
– 그의 공부와 글쓰기의 핵심은
'법고창신' 이다.
– 글쓰기는 오직 진실해야 한다.
– 공부의 중요성은 그것의 실용에 있다.

– <허생전>으로 국가경제의 취약성을 고발하다.
– 은택이 천하에 미치는 공부를 하라.
– 공부에는 왕도가 없다.
– 식견이 좁은 자는 모든 것을 부정한다.

담헌 홍대용 _ 배우고 닦지 않으면 발전이 없다.

– 사람도 배우지 않을 수 없는 것이다.
– 구구단을 조선에 소개한 학자.
– 실학과 고학을 지향한 학자.
– 행실에 구차함이 없어야 한다.
– 남을 이기기 위해 공부하지 마라.
– 명예와 이욕에 골몰하는 공부를 경계하라.
– 입이 아닌 마음으로 읽는 독서를 하라.
– 책을 읽을 때는 몸가짐을 바로 해야 한다.

제2권. 조선 최고의 공부 천재들.
타고난 재능이 아니라, 끈기로 공부 천재가 된 선비들

퇴계 이황 _ 오래도록 하는 공부를 하라.

- 16세기를 대표하는 성리학자.
- 살아있을 때부터 유종으로 불린 학자.
- 공부란 수없이 반복하는 것이다.
- 공부란 거울을 닦는 것이다.
- 오래도록 하는 공부를 하라. _ 구원공부(久遠工夫)
- 힘들도록 부지런하게 공부하라. _ 근고공부(勤苦工夫)
- 인격을 위하여 하는 공부를 하라.
- 자기를 위한 공부 vs 남을 위한 공부
- 조급함을 버리고 마음을 비우고 공부하라.
- 후일을 기다리지 말고 지금 당장 공부하라.

율곡 이이 _ 스스로 나태해짐을 경계하고 부단히 노력한 공부의 신.

- 세계에 자랑할 만한 철학자.
- 조선 시대의 공부의 신 _ 구도장원공.
- 자경문으로 스스로를 경계하다.
- 조선시대의 미래학자 _ 변법경장.
- 오래 쌓아나가는 공부를 모범으로 삼아라.
- 사람다운 사람이 되기 위해 공부해야 한다.
- 당연히 해야 하는 것이 공부다.
- 겉으로 꾸미는 말과 자랑하는 것을 경계하라.
- 공부가 힘든 이유는 잘못된 습관 때문이다.
- 공부라는 것은 일상생활과 일 속에 있다.
- 공부하는 사람이 죽을 때 까지 해야 할 세 가지.

- 율곡 이이의 독서법 _ 숙독하고 통달하라.

남명 조식 _ 항상 깨어 사색하는 공부를 하라.

- 박문약례(博文約禮)한 학자
- 사색하는 공부를 강조하다.
- 가르치기 위한 공부보다는 완성을 위한 공부를 하라.
- 성성자(惺惺子)를 이용한 심성수양 공부를 하다.
- 칼을 차고 다닌 선비
- 스스로 하는 공부를 하라.
- 남에게 보이기 위한 학문을 경계하라.
- 참된 앎을 실천하는 공부를 하다.

성호 이익 _ 용맹한 장수처럼 공부하라.

- 18세기 조선 실학과 경제학의 거두.
- 임계점을 돌파하는 공부를 하라. _

취진공부((驟進工夫))

- 세상을 편안하게 하는 공부를 하라.
- 조선의 백과사전을 편찬하다.
- 자만심을 경계하고 날마다 새롭게 되는 공부를 하라.
- 가난은 선비에게 당연한 것이다.

제3권. 조선 최고의 공부와 독서 달인들 죽을 때까지 공부와 독서로 스스로를 완성한 선비들

명재 윤증 _ 쉬지 않는 공부를 해야 성취를 할 수 있다.

- 행함이 없는 공부는 공부가 아니다.
- 쉬지 않는 공부를 해야 이룸이 있다.
- 언제 어디서든 공부하라.
- 기록하는 공부를 하라. _ 차기공부

(箚記工夫)

– 큰 사람이 되는 공부를 하라.

– 끊임없는 벼슬 권유에도 나아가지 않고 공부를 한 학자.

화담 서경덕 _ 공부하면 성인이 될 수 있다.

– 공부하면 성인이 될 수 있다.

– 그침을 알게 되는 공부를 하라.

– 공부란 사물을 궁구하는 것이다.

– 3년 동안 지독하게 공부를 하다.

– 독서보다 사색을 통해 공부하다.

– 굶주림도 공부의 즐거움을 빼앗지 못하다.

– 평생 베옷을 입고 공부하다.

우암 송시열 _ 말을 적게 하는 공부를 하라.

– 말을 적게 하는 공부를 하라. _ '과언공부(寡言工夫)'

서애 유성룡 _ 마음을 다잡는 공부를 하라.

- 공부하는 자에게 중요한 것은 마음이다.

백곡 김득신 _ 조선 시대 최고의 독서가.

- 억 만 번 책을 읽고 성공한 학자.
- 읽고 또 읽는 것이 독서의 최고 비법이다.

청장관 이덕무 _ 규율이 있는 공부를 하라.

- 책만 보는 벽이 있는 사람 _ 간서치
- 평생 2만 권이 넘는 책을 읽다,
- 규율이 있는 공부를 하라.
- 다섯 번씩 읽는 독서를 하라.

혜강 최한기 _ 1,000권의 책을 집필한 조선 제일 선비.

- 1,000권의 책을 집필한 학자.
- 전통적인 학문의 권위에 도전하다.
- 책 보기를 좋아해서 잠 못 이룬 소년.
- 출사보다는 공부를 선택하다.
- 지칠 줄 모르는 탐구와 저술로 새로운 학문을 개척하다.
- 공부의 성과는 공부하는 사람 자신에게 달려있다.
- 공부란 본래 평화로운 것이다.

우리가 알아야 할 선비와 공부의 뿌리

선비란 어떤 사람들이었을까?
공부의 유래를 찾아서
또 다른 공부의 유래들
일본에서 공부의 어원적 의미
영어에서 살펴본 공부의 의미
우리 선조들, 특히 조선 선비들에게 공부란?
꼭 알아야 할 우리 선비들의 공부 비법.

“ 공부(工夫)의 공(工)은 여공(女工)의 공(工)자와 같고, 부(夫)는 농부(農夫)의 부(夫)자와 같습니다. 말하자면 사람이 학문을 하는 것은 여공이 부지런히 길쌈을 하고, 농부가 힘써 농사를 짓는 것과 같이 해야 한다는 뜻입니다.” < 조선 명종 때 참찬관으로 입시했던 조원수가 공부의 뜻을 묻는 조선 명종의 물음에 아무도 대답하지 못 하자 홀로 나서서 대답한 말 > < 최석기, [우리가 꼭 알아야 할 공부], 13쪽 >

" 좋은 대학에 들어가 고시에 합격하기 위해 하는 공부는, 옛날 과거공부와 다를 바 없다. 선인들은 그런 공부를 자신을 드러내기 위한 말단적인 공부로 여겨 위인지학(爲人之學)이라 하였다. 그리고 마음을 닦고 이치를 궁구하며 인격을 드높이기 위한 실질적인 공부를 위기지학(爲己之學)이라 하여 중시하였다. 즉 성인이나 현인이 되기를 바라는 것이 선비 공부의 최고 목표였다. 그런데 오늘 우리는 그런 본질은 잊은 채 말단만 추구하고 있다. 슬픈 일이다."
< 최석기, [우리가 꼭 알아야 할 공부], 책머리에 >

" 공부에 열정을 갖기 위해 우리에게 필요한 것은 무엇인가?

그것은 뜻을 세우는 일, 입지(立志)다. 뜻을 세우고, 열정을 가지고 공부한다면 우리는 조선 시대의 선인들이 이룬 학문의 경지에 이르게 될 것이다. 이 책을 펴낸 것도 우리 청소년들이 뜻을 세우고 열정을 가지고 공부하기를 바라는 마음에서다.

대학을 가기 위한 공부만 공부가 아니다. 많은 책을 읽고 뜻을 이해하며 스스로 실천할 때, 나를 바꾸고 세상을 바꾸는 진정한 학문의 기쁨을 누릴 수 있을 것이다. " < 이수광, [공부에 미친 16인의 조선 선비들], 308쪽 >

제1부. 조선 최고의 공부 대가들.

다산(茶山) 정약용(丁若鏞) (1762 ~ 1836년)

“공부를 그저 출세의 수단으로만 여겨서는 공부도 잃고 나도 잃는다.”

‘백년도 못 되는 인생이 공부를 하지 않는다면 이 세상에 살다간 보람을 어디서 찾겠는가?’

‘사람이 세상에 나서 책을 안 읽고(공부를

하지 않고) 무슨 일을 하겠는가?'

" 실제에 쓸모가 없다면 하나마나한 공부다. 물론 학문 자체가 다 실용적일 수는 없고, 그래서도 안 된다. 다만 학문을 위한 학문, 학문으로 끝나는 학문이어서는 곤란하다. 학문을 함으로써 세상을 보는 안목이 툭 터지고, 식견을 깨칠 수 있어야 한다. "

" 인간으로 하여금 짐승과 벌레의 부류를 벗어나 저 광대한 우주를 지탱하게 만드니, 독서야말로 우리들의 본분이라 하겠다."

" 학문은 천하의 공변된(공평한) 것이다."

– 조선 최고의 지식인 _ 많은 책을 읽고 많은 책을 쓰라.

조선 시대 최고의 지식인 중 한 명으로 다산 정약용 선생을 꼽는다면 큰 무리가 없을 것이다. 그가 남긴 책과 그의 공부 자세와 공부에 대한 정신, 그리고 실제로 공부에 전념한 기간 등을 살펴볼 때 충분히 그렇다고 할 수 있을 것이다. 하지만 그것보다 그가 남긴 방대한 저술, 다양한 분야에 대한 그의 학문적 성취도를 볼 때 조선 최고의 지식인이었다고 필자는 생각하게 되었다.

조선 선비들의 공부가 성리학에 지나치게 편향되어 학문적으로 크게 발전하는 데 한계가 있었는데, 다산 선생은 이런 점을 과감하게 극복하고 국가나 사회의 발전을 도모할 수 있는 실학사상을 펼쳤던 것이다.

" 조선의 선비들은 주자학으로 불리는 성리학을 유교의 정통으로 인식했고, 학문의 정점을 [주자대전]에 두었다. 어떻게 보면 학문이 성리학으로 지나치게 편향되어 학문적으로 국가나 사회의 발전을 이끄는 데에는 한계가 있었다. 다산 정약용은 이러한 한계를 인식하고 실학사상을 자신의 저서에 반영했다.

그는 [경세유표] [목민심서] [흠흠신서] [마과회통] [아방강역고] 등을 저술하여 조선 최고의 지식인으로 불렸다. 그의 저술은 대부분 18년 동안의 유배 기간과 고향에 돌아왔을 때 쓰였다. 그러나 이렇게 다양한 분야의 책을 저술할 수 있었던 것은 어린 시절의 많은 독서가 바탕이 되었음은 두말할 나위가 없다. " < 이수광, [공부에 미친 16인의 조선 선비들], 167 ~ 168쪽 >

다산 선생이 어렸을 때부터 책을 많이 읽었다는 사실과 관련된 이야기가 황현의 [매천야록(梅泉野錄)에 실려 있다. 간추려서 소개하자면 이렇다.

다산이 어린 소년이었을 때, 당나귀에 서책을 가득 싣고 북한사라는 절에 올라가서 책을 읽으려고 올라가던 중에 실학 대가로 불리는 이서구라는 어른을 만났다.

그런데 10여 일 후에 이서구는 고향으로 돌아가는 길에 다시 서책을 당나귀에 가득 싣고 길을 가고 있는 소년 정약용을 길에서 또 우연히 만나게 되었던 것이다.

서책을 당나귀에 가득 싣고 절에 올라가 책을

읽고자 절에 올라간다던 소년이 책은 읽지 않고 길거리를 배회하고 있는 것처럼 보였기 때문이다. 그래서 이서구는 의아해하며 소년 정약용에게 호통치듯 물었던 것이다.

“ 너, 이놈, 너는 무엇을 하는 놈이냐, 글을 읽는 다고 서책을 당나귀에 가득 싣고 다니면서 글을 읽지는 않고 길거리나 배회하는 것이냐?”

소년 정약용은 공손하게 다음과 같이 대답했다.

“ 책을 다 읽고 절에서 내려오는 길입니다.”

“ 저 서책들은 다 무슨 책이냐?”

“ [자치통감강목(資治通鑑綱目)] 입니다.”

이서구는 깜짝 놀랐던 것이다. [자치통감강목]

은 중국 역사를 다룬 방대한 책이었기 때문에 열흘 만에 다 읽는 다는 것은 불가능한 일이라고 생각했기 때문이다.

“ [자치통감강목]을 어떻게 열흘 만에 다 읽을 수 있다는 말이냐?”

“ 읽은 것이 아니라 거의 다 외웠습니다.”

이서구는 또 한 번 놀라지 않을 수 없었던 것이다.

이 이야기는 다산 선생이 어렸을 때부터 얼마나 치열하게 지독하게 열심히 다양한 책들을 많이 읽었는지를 말해주는 것이라고 할 수 있을 것이다.

– 백년도 못 되는 인생의 보람은 공부뿐이다.

필자가 평범한 직장인에서 책을 쓰는 작가로 변신할 수 있게 해 준 은인 중에 한 명을 꼽으라고 한다면 바로 다산 정약용 선생이라고 말 할 수 있다.

그것은 필자가 아무것도 몰랐을 때, 다산 선생이 공부의 참 된 이유에 대해서 큰 깨우침을 주었기 때문이다. 그가 한 말 중에서도 필자를 가장 크게 깨우쳐 준 말은 단연코 이것이었다.

'백년도 못 되는 인생이 공부를 하지 않는다면 이 세상에 살다간 보람을 어디서 찾겠는가?'

정말 우리 인생은 백년을 넘지 못할지도 모른다. 그런데 중요한 것은 인생을 살았던 횟수가 아니라 공부를 하였는지 아니면 안 하였는지라는 것이라는 의식을 가지게 해 주었다.

충격이었다. 그저 직장을 구하고, 직장에서 열

심히 살았던 평범한 40대의 중년에게 '얼마나 열심히 살았습니까?' 라고 묻는 이 세상과 달리 다산 선생은 '얼마나 공부를 했습니까?' 라고세상과 다른 그러면서도 단도직입적인 질문을 던지는 것이었다.

삶의 보람을 위해서 공부하라고 주장하는 다산 선생은 여기서 좀 더 나아가서 다음과 같은 말을 통해 무슨 일을 하더라도 공부가 가장 기본적인 토대가 되어 준다고 간결하게 말한다.

' 사람이 세상에 나서 책을 안 읽고(공부를 하지 않고) 무슨 일을 하겠는 가?'

정말 이 말은 생각하면 할수록 진리인 것 같다는 생각이 든다.

위대한 투자가들인 워렌 버핏, 조지 소로스 등을 생각해 보면, 투자를 하더라도 책을 많이 읽은 사람들이 잘 한다는 것을 알 수 있기 때문이다. 심지어 전쟁의 영웅들도 모두 책벌레들이지 않는 가? 대표적인 인물이 바로 나폴레옹일 것이다.

한 나라의 대통령들은 대부분 책벌레들이다. 책벌레가 아니고서는 절대로 대통령이 될 수 없고, 된다 해도 잘할 수 없을 것이다. 그래서 위대한 대통령일수록 책을 많이 읽고 공부를 평생하는 사람들이라는 사실도 알 수 있는 것이다.

다산 선생을 비롯해서 위대한 위인들은 그저 출세하기 위해 공부를 하거나 책을 읽지 않았을 것이라고 필자는 생각한다. 그 이유는 출세를 하기 위한 그런 사심이 들어간 공부에는 그 어떤 정진도 이루어질 수 없기 때문이다.

아무리 공부하고, 많은 책을 읽어도 사심이 들어가고, 욕심이 생기면 그 어떤 것도 눈에 보이지 않게 되고, 아무리 읽어도 도를 깨닫지 못하게 된다고 필자는 생각한다.

다산 선생은 또한 이런 말을 했다.

“ 공부를 그저 출세의 수단으로만 여겨서는 공부도 잃고 나도 잃는다.”

다산 선생이 18년 동안의 유배지 생활을 통해 500여 권 이상의 저술을 남길 수 있을 만큼 학문적인 성장을 이룬 것은 공부를 출세의 수단으로 여기지 않았기 때문이라고 할 수 있다. 인간은 지혜롭지만 또한 어리석은 존재이다. 그래서 무엇인가에 욕심을 내게 되면 오히려 그것을 더 못 이루게 되는 경우가 많다.

그래서 과욕은 금물이라는 말이 있는 것이다. 공부에도 이 말은 그대로 적용이 된다. 욕심을 내는 사람은 오히려 더 이루지 못하게 된다. 그래서 공부를 통해 무엇인가를 이룬 사람들은 처음부터 세상에서 더 이상 희망이 없는 사람들인 경우가 적지 않다.

억울한 누명으로 사형수가 된 사람이 결국에는 큰 깨달음을 얻게 되어 인류에게 위대한 책을 남긴 사례가 서양에 많고, 한국에는 모함을 당해 유배지로 내려온 이들 중에서 학문적인 성공을 이룬 사람들이 적지 않은 것이 바로 이런 이유에서이다.

공부를 하는 사람들이 세상에서 출세하기 위해 공부를 수단으로 삼게 되면 공부를 아무리 해도 눈에 참 된 공부가 보이지 않게 되고, 들리지 않게 된다. 욕심 때문에 그렇다. 다산 선생이 만약에 세상에 출세하기 위해서 공부를 했더라면 절대로 18년 동안 500여 권이라는 책을 저술해 내지 못했을 것이다.

수단으로 삼아 하는 공부와 공부가 그 모든 것이 되어서 하는 공부는 절대 다르기 때문이다. 공부를 아무리 많이 해도 인격이 달라지지 않는 것은 수단으로 삼아 공부했기 때문이라고 할 수 있다. 그런 점에서 아무리 고차원적인 공부를 하더라도 인간으로서 기본적으로 지켜야 할 인격을 갖추지 못한 경우에는 공부가 제대로 되었다고 할 수 없다.

톰 피터스는 자신의 책 [리틀 빅 씽]이란 책을 통해서 존스홉킨스 대학의 포르니 교수의 말을 소개한 적이 있다.

" 여러 해 동안 문학은 내 삶이었다. 어느 날 이탈리아의 가장 위대한 시인인 단테의 <신곡>을 주제로 강연하면서 나는 새로운 사실을 깨달았다. 그것은 학생들에게 단테에 대해 가르치는 것보다 친절한 사람이 되도록 가르치는 것이 더 중요하다는 사실이었다. 학생들이 아무리 단테를 잘 배운다고 해도 밖에 나가서 버스에 탄 할머니에게 불친절하게 대하면 나는 선생으로서 실패했다고 느끼게 될 것이다." < 톰 피터스, [리틀 빅 씽], 109~ 110쪽 >

인간답게 살기 위해 공부를 한다고 하는 지성

인들이 길거리의 할머니에게, 건물의 청소하는 아줌마에게 불친절하다면 그것은 참된 공부가 된 것이 아니다. 출세나 성공을 위한 공부를 했기 때문이다.

다산 선생의 참된 공부의 정신을 한국 사회는 배워야 할 필요가 있을 것이다.

– 다산 선생의 대표적인 공부법 – 초서법

다산 선생은 대표적인 조선의 지식인이다. 뿐만 아니라 그는 아동 교재와 교육에 대해서도 큰 관심을 가진 인물이라는 사실을 그의 저작들을 통해 쉽게 알 수 있다.

그가 자녀들 혹은 아동들에게 항상 주장해 온 공부법은 단순히 기억하거나 암송하는 것이 아니다. 그가 주장하는 공부법은 논리적이고 체계적인 공부 접근법을 강조한다.

3년 동안 세상과 단절하여 평생 읽을 책들을 이 기간에 읽은 필자는 그 덕분에 어디에 가서 작가라는 명함을 겨우 내밀 수 있게 되었다. 그런데 어떻게 해서 3년 동안 아무리 지독하게 공부를 했다고 해도 3년 만에 평범했던 중년이 책을 쓸 수 있는 작가로 변신을 할 수 있었던 것일까? 그것은 훌륭한 공부법에 있다고 필자는 스스로 결론을 내린다.

머리가 그렇게 좋은 것도 아니고, 심지어 기억력은 30대 초반부터 급격하게 떨어졌다. 아마도 삼성전자를 다니면서 휴대폰 연구를 하면서 전자파를 너무 많이 접했기 때문이라고 스스로 생각해 본다.

생각해 보라. 휴대폰을 하나만 사용해도 전자파가 유해하다고 논쟁이 일어나고 있을 정도인데 하루 종일 휴대폰 수십 개에 둘러싸인 채 연구하고 직접 분해하고 조립하는 일을 10년 넘게 했다는 것을 말이다.

40대를 전후하는 나이의 중년들은 확실히 기억력이 떨어질 수밖에 없다. 그런데 놀라운 사실은 공부하는 데 기억력은 중요하지 않다는 사실이다. 물론 학창 시절에 시험 성적이 좋은 사람들은 모두 이해력과 무엇보다도 기억력이 좋아서 암기를 잘하는 이들이다. 하지만 단순히 암기를 잘 한다고 해서 무엇인가를 발견하고,

창조해 내는 창조력이 좋다고 할 수 없는 것이다.

어쨌든 필자는 평범했다. 그런데 작가가 되었다. 그것도 짧은 시간에 말이다. 그 이유는 필자가 남들보다 열 배 정도 더 노력을 하고, 세상의 모든 것들을 다 포기하고 산 속에 들어가 도 닦는 사람처럼 3년을 보냈기 때문이기도 하지만, 그것보다 몇 십 배 더 중요한 이유가 있다.

그 이유는 바로 '필자가 우연히 사용하게 된 공부법'이 바로 다산 정약용 선생이 사용했던 그분의 공부법과 동일한 것이었다는 것이다. 즉 훌륭한 공부법을 우연히 익히게 되고 그것을 사용했다는 데 있다.

필자가 다산 선생의 공부법이 '초서법'이라는 사실을 안 것은 몇 달 전이다. 즉 필자가 누군가의 공부법을 알게 되어서, 그것을 흉내 낸 것이 아니라 우연히 하다 보니 저절로 자신에게 맞는 공부법을 발견하여 그렇게 공부를 하게 되었는데, 그것이 나중에 보니 다산 선생의 공부법과 매우 비슷했다는 말이다.

필자가 지금 책을 많이 쓸 수 있는 작가가 될 수 있었던 것은 필자의 남다른 공부법에 있다.

이와 마찬가지로 약 2백 년 전에 다산 정약용 선생이 18년 동안 유배지에서 엄청난 책을 읽고 공부를 하신 것뿐만 아니라 500권이라는 저서를 남기기까지 할 수 있었던 것은 한 마디로 남다른 공부법인 '초서'의 힘이라고 필자는 생각한다.

물론 18년 동안 유배지 제주에서 복사뼈가 세 번이나 구멍이 날 정도로 노력했기 때문이기도 하지만, 방법이 효과적이지 못 할 경우 성과는 미비할 수 있다는 것이 필자의 지론이다. 다산 선생은 초서를 자신의 공부법으로 삼았을 뿐만 아니라 자녀들에게도 강조했다.

초서(抄書)란 책에서 중요한 부분이나 내용을 뽑아 옮겨 쓰는 것을 말한다. 이런 점에서 필사(筆寫)와 다르다. 필사는 그냥 베끼어 쓰는 것을 말한다. 초서는 책의 내용 가운데 중요한 부분만을 뽑아서 쓰는 것이다.

필자가 개인적으로 추천하는 독서법은 필사가 아닌 초서이다. 물론 어떤 의미에서는 필사와 초서가 비슷하다고 할 수 있지만, 엄밀하게 말하면 필사는 과거에 책의 양이 절대적으로 적었을 때, 책 한 권 구하기가 하늘의 별 따기만큼 힘들었을 때 가장 효과적인 독서법이라고 생각한다.

초서는 지금처럼 너무나 많은 책, 많은 작가가 넘치는 이 시대에 더욱더 필요한, 즉 시대의 흐름에 맞는 통합적인 독서법이라고 생각하는 것이다.

다산 선생은 둘째 아들인 학유에게 부치는 편지 중에서 독서에 대해 아들에게 당부하는 내용이 나온다.

'초서하는 방법은 반드시 먼저 자기의 뜻을 정해 만들 책의 규모와 편목을 세운 뒤에 남의 책에서 간추려내야 맥락이 묘미가 있게 된다. 만약 그 규모와 목차 외에도 꼭 뽑아야 할 곳이 있을 때는 별도로 책을 만들어 좋은 것이 있을 때마다 기록해 넣어야만 힘을 얻을 곳이 있게 된다. 고기 그물을 쳐놓으면 기러기란 놈도 걸리게 마련인데 어찌 버리겠느냐?'

그런데 이것보다 더 초서의 효과를 강조한 대목이 있다. [다산 선생 지식 경영법]이란 책에 보면 다산 선생이 얼마나 초서의 효과를 강조했는지 생생하게 느낄 수 있는 그의 편지가 소개되어 나오는 데 그 중에 일부만 소개하면 이렇다. 그가 초서의 방법에 회의를 느끼고 초서의 효과를 의심하던 두 아들에게 보낸 '두 아들에게 답함' 이라는 편지 내용 중에 일부이기도 하다.

" 학문의 요령은 전에 이미 말했거늘, 네가 필시 이를 잊은 게로구나. 그렇지 않고서야 어찌 초서의 효과를 의심하여 이 같은 질문을 한단 말이냐? 무릇 한 권의 책을 얻더라도 내 학문에 보탬이 될 만한 것은 채록하여 모으고, 그렇지 않은 것은 눈길도 주지 말아야 한다. 이렇게 한다면 비록 백 권의 책이라도 열흘 공부거리에 지나지 않는다." < 140 ~ 141쪽, 정민, [다산 선생 지식 경영법] >

그의 편지에는 ' 중요한 내용을 베껴 쓰는 일을 그만두어서는 안 된다.' ' 책에서 뽑아내면 바야흐로 일관되게 꿰는 묘미가 있다.' 라고 말하는 대목이 자주 나온다. 한 마디로 다산 선생의 공부법의 핵심은 '부지런히 초록하고 쉴 새 없이 기록하는 것' 이었다.

다른 학자가 이 부분을 조금 다르게 해석하여 소개한 부분이 있다. 좀 더 정확한 이해를 돕기 위해 이것도 살펴보자.

“ 책의 내용을 가려 뽑는 방법(초서)은 나의 학문에 먼저 주관이 확립된 뒤에야 옳고 그름을 판단할 수 있는 저울이 마음속에 있어서 취사선택이 어렵지 않게 되는 것이다. 학문의 요령을 지난번에 말해 주었는데, 필시 네가 잊은 게로구나. 그렇지 않다면 무엇 때문에 책을 가려 뽑는 것에 의심을 하여 이러한 질문을 하였느냐. 언제나 책 한 권을 읽을 때에는 학문에 보탬이 될 만한 대목이 있으면 뽑아 모으고, 그렇지 않은 것은 눈을 붙이지 말아야 한다. 이렇게 한다면 비록 백 권의 책이라도 열흘의 공부면 충분할 것이다.” < 김건우, [옛사람 59인의 공부 산책], 162쪽 >

그의 남다른 공부법이 18년 동안의 유배지에

서 500권이라는 엄청난 책들을 쓸 수 있게 해주었던 것이라고 필자는 생각한다.

다산 선생이 초서 공부를 매우 중요시 여겼다는 사실은 정민 선생의 [삶을 바꾼 만남]이란 책에서도 쉽게 찾아 볼 수 있다.

" 다산은 초서 공부를 대단히 중시했다. '제대로만 익히면 1백 권의 책을 열흘에 해치울 수 있다. 공부에는 요령이 필요하다. 초서를 통해 그 요령을 익힐 수가 있다. 덮어놓고 읽지 말고 가려서 읽어라. 처음 보는 내용은 따로 적어두어야 한다. 탄식만 하지 말고 모르면 물어라.' "   < 정민, [삶을 바꾼 만남], 31쪽 >

다산 선생은 하나도 과감하지 않고 초서법을 통해서 백 권의 책이라도 열흘의 공부면 충분할 수 있다고 말했다. 다산 선생이 다방면에 걸쳐서 500여 권의 책을 18년 동안 저술한 것을 보면 그의 말이 허투루 하는 말이 절대 아니라는 사실을 알 수 있을 것이다.

– 과골삼천(踝骨三穿) 이야기

공부법이 아무리 좋다고 해도 다산 선생의 남다른 지독한 노력도 절대 무시할 수는 없다. 그의 노력에 대해 잘 알 수 있는 말이 과골삼천(踝骨三穿)에 대한 이야기이다.

다산 선생의 제자인 황상도 역시 그 선생에 그 제자였다. 그도 또한 70세가 넘어서도 독서와 초서를 멈추지 않았다. 그래서 주위 사람들은 그에게 다음과 같이 물었다곤 한다.

" 선생님, 뭐 하러 그 나이까지 그렇게 고되게 책을 읽고 베껴 쓰십니까?"

이러한 질문을 들을 때마다 그는 자신의 스승인 다산 선생의 독서와 초서를 하시면서 복사뼈에 구멍이 세 번이나 난 것, 즉 과골삼천(踝骨三穿)에 대한 이야기를 했다고 한다.

“우리 선생님은 귀양지에서 20년을 계시면서 날마다 저술에만 힘써 과골, 복사뼈가 세 번이나 구멍이 났다. 선생님께서 부지런히 공부하라 친히 가르쳐 주신 말씀이 아직도 귀에 쟁쟁한데 관 뚜껑을 덮기 전에야 어찌 그 지성스런 가르침을 저버릴 수 있겠는가?”

이러한 사실을 명확하게 정리하여 기록해 주신 분이 바로 정민 교수 이다. 그는 자신의 책을 통해 이러한 사실을 좀 더 구체적으로 이렇게 서술해 놓았다.

“내 스승이신 다산 선생님께서는 이곳 강진에 귀양 오셔서 스무 해를 계셨네. 그 긴 세월에 날마다 저술에만 몰두하시느라 바닥에 닿은 복사뼈에 세 번이나 구멍이 났지. 열다섯 살 난 내게 ‘부지런하고 부지런하고 부지런하라’ 는 삼근(三勤)의 가르침을 내려주시면서 늘 이렇게 말씀하시곤 했네. “나도 부지런히 노력해서 이를 얻었느니라. 너도 이렇게 하거라." 몸으로 가르치시고 말씀으로 이르시던 그 가르침이 60년이 지난 오늘까지도 어제 일처럼 눈에 또렷하고 귓가에 쟁쟁하다네. 관 뚜껑을 덮기 전에야 어찌 그 지성스럽고 뼈에 사무치는 가르침을 저버릴 수 있겠는가. 공부를 하지 않는다면 그날로 나는 죽은 목숨일세. 자네들 다시는 그런 말 말게."   < 정민, [삶을 바꾼 만남], 13쪽 >

필자가 다산 선생을 끝없이 존경하는 이유 중에 하나는 18년 동안의 유배 생활은 한 사람을 완전히 매장시키고 병들게 하고 지치게 할 만한 형벌이다. 그런데도 그는 그 오랜 유배 기간 동안 그저 잊힌 사람으로 살지 않았던 것이다.

그는 학자로서 공부하는 사람의 귀감이 되고도 남을 정도로 학자로서의 본분을 잃지 않았던 인물이었다. 그는 자신을 끊임없이 갈고 닦았다. 그러면서도 자기 하나만을 생각하지 않고, 백성을 편안히 하는 '수기치인'의 자세를 일관되게 보여 주었고, 실천했다.

즉 공부란 과거를 보기 위해서, 출세하기 위해서 하는 것이 아니라, 자신을 수양하기 위해서 하는 것이며, 사람이라면 공부하는 것이 마땅한 일이라고 생각했고, 그것을 자신의 삶을 통해 실천해서 보여 주었던 것이다.

그는 500여 권 이상의 방대한 저서를 남긴 대학자였다. 그 분야도 놀라지 않을 수 없다. 철학, 문학, 정치, 경제, 법률, 지리, 역사, 의학, 기계, 설계 등으로 다양하기 때문이다.

다산이 얼마나 위대한 학자인지 다음의 글을 통해서 필자는 또 한 번 확인해 볼 수 있었다.

" 다산의 사상을 가장 잘 드러냈다고 할 수 있는 <목민심서>는 그 자신의 경험과 유배지에서의 생생한 체험을 바탕으로 지방 장관이 지켜야 할 준칙을 서술한 것이다. 전체 12개 항목으로 구성돼 있으며, 강진 유배 당시 완성한 것이다.

이 책은 당시 백성들의 살림살이를 더듬어 보는 데 귀한 자료가 되고 있다. 이 책을 본 외국인 학자가 ‘조선 후기의 정치가 썩은 것은 조선왕조로 본다면 불행한 일이었지만, 그로 말미암아 다산과 같은 학자가 나온 것은 다행한 일’ 이라고 말할 정도였다. 그만큼 당대 사회의 핵심을 제대로 꿰뚫고 있는 책이라 할 수 있다. “ < 문효, [조선의 글쟁이들], 46 쪽 >

다산 선생이 위대한 학자라는 사실은 외국인 학자들도 인정하고 있는 것이다. 이렇게 위대한 학자를 만든 것은 바로 과골삼천이라는 불굴의 노력과 끊임없이 정진하는 공부에 대한 다산 선생의 자세 때문이었다고도 생각해 봐야 할 것 같다.

정민 선생이 설명한 과골삼천에 대한 서술을 살펴보자.

“ 과골삼천(踝骨三穿)!

처음 이 말을 듣고 어안이 벙벙했다. 두 무릎을 방바닥에 딱 붙이고 공부에만 몰두하다보니 바닥에 닿은 복사뼈에 세 번이나 구멍이 났다. 추사가 먹을 갈아 벼루 여러 개를 밑창 냈다는 말은 들어봤어도 복사뼈에 세 번씩 구멍이 뚫렸다는 말은 여기서 처음 들었다.

“우리 선생님은 복사뼈에 구멍이 세 번 나도록 공부하고 또 공부하셨다. 내 복사뼈는 아직도 건재하다. 거기다 여태 아무것도 이루지 못했다. 나는 이것이 부끄럽다. 그래서 이 나이가 되어서도 공부를 그만둘 수 없다. 그러니 말리지 마라.” “ < 정민, [삶을 바꾼 만남], 13쪽 >

머리가 나빠서 공부를 할 수 없다고 하는 사람들이 적지 않다. 하지만 복사뼈가 세 번이나 구멍이 뚫릴 정도로 노력을 해 봤는지 물어보고 싶다. 필자도 역시 이러한 질문에 예외는 아닐 것이다.

– 삶을 바꾼 만남 _ 삼근계 이야기

다산 선생이 신유박해 와중에 전라남도 강진 유배 시절, 주막집 더부살이 신세이면서도 서당을 연 일은 다산 선생에게 즐거움 중에 하나였다. 그런데 그 서당에 어느 날 열다섯 살 난 소년이 찾아왔다. 그 소년은 아전의 자식이었다. 하지만 공부에는 자신이 없었던 아이, 스스로 머리가 나쁘고 둔하고 막혀있고 어리바리하다고 생각하는 그런 아이였다.

하지만 이러한 만남을 통해 한 소년은 대학자가 될 수 있었던 것이다. 이 소년이 바로 황상이다.

이 소년은 다산 선생에게 다음과 같이 진지하게 자신의 속내를 고백하며 인생 최대의 질문을 한 적이 있었다. 왜냐하면 배우는 속도가 빠르지 못 했음을 스스로 확실하게 알고 있었기 때문이다. 그런데 그런 자신에게 문사 공부할 것을 스승인 다산 선생이 권했기 때문이다.

“ 저 같이 둔하고 막히고 답답하여 머리가 나쁜 아이도 공부를 해서 이룰 수 있나요?”

이 말을 들은 다산 선생은 조금도 주저하지 않고 다음과 같이 말했다.

“ 오로지 부지런히 노력하면 안 될 것이 없다. 부지런하고 부지런하고 부지런하라.”

바로 이 대화에서 그 유명한 삼근계(三勤戒)가 나왔던 것이다. 스스로 둔하고 막히고 답답한 자라고 여기는 제자를 위해 다산 선생은 배우는 사람에게 세 가지 큰 병통이 있지만, 이 제자에게는 그러한 병통이 없다고 격려하며 세 번씩이나 부지런하라고 조언해 주었던 것이다.

삼근계에 대해 소개 해 놓은 책들은 다행히 쉽게 접할 수 있다. 그런 책들 중에 쉽게 잘 정리해 놓은 부분을 쉽게 정리하면 이렇다..

다산이 제자 황상의 자질을 눈여겨보고 공부를 마친 아이들이 각자의 집으로 돌아가며 인사를 할 때, 황상에게 말했다.

'너는 좀 남거라. 이를 말이 있따.'

더벅머리 소년 황상은 주뼛댔다. 다산 선생은 그 소년에게 문사를 닦도록 권했다, 황상은 머뭇거리며 이렇게 말했다.

"선생님, 그런데 저는 세 가지 부족한 점이 있습니다.
첫째 너무 머리가 둔하고,
둘째 앞뒤가 꽉 막혔으며,
셋째 어근버근 답답합니다."

이에 다산이 말했다.

"학문은 좀 한다는 자들에게 세 가지 큰 병통(문제)이 있는데 너에게는 해당하는 것이 하나도 없구나.

첫째는 민첩하게 금세 외우는 것이다. 이런 아이들은 가르치면 한 번만 읽고도 바로 외우지. 정작 문제는 제 머리를 믿고 대충 소홀히 넘어가는 데 있다. 완전히 제 것으로 만들지 못 하지. 재주만 믿고 공부를 소홀히 하는 폐단이 있다.
둘째 예리하게 글을 잘 짓는 것이다. 이런 사람들은 질문의 의도와 문제의 핵심을 금세 파악해 낸다. 바로 알아듣고 글을 빨리 짓는 것은 좋은데, 다만 재주를 못 이겨 들떠 날리는 게 문제다.
셋째 깨달음이 재빠른 것이다. 대번에 깨닫고, 이해가 빠른 사람은 한번 깨친 것을 대충 넘기고 곱씹지 않기 때문에 투철하지 않고, 대충 하고 마니까 오래가지 못하는 경향이 있다"

라고 대답했다. 다산은 이어서 자신의 말을 했다.

"둔한데도 계속 열심히 하면 지혜가 쌓이고, 막혔다가 뚫리면 그 흐름이 성대해지며, 답답한데도 꾸준히 하면 그 빛이 반짝반짝하게 된다"며 제자를 격려했다.

다산의 이 말을 읽으면서 필자는 가슴을 쳤다. 한국인들의 지능지수는 세계적으로 우수한 편이다. 그리고 실제로 공부도 엄청나게 많이 한다. 세계 명문대를 입학하고 졸업하는 그런 인재들이 웬만한 다른 나라 못지않게 많이 차고 넘친다.

하지만 노벨상을 받을 정도로 학문적으로 큰 업적을 이룬 사람은 단 한 명도 없다. 물론 세상에 알려지지 않았지만 학문적으로 큰 업적을 이룬 사람들이 왜 없을까? 하지만 그렇게 큰 업적을 이룬 사람들이 많다면 노벨상 수상자도 한

두 명은 나와야 한다는 것이다.

그런데 한국에는 아직 학문 분야에서 노벨상 수상자들이 나오지 않았다. 그 이유는 바로 다산 선생이 말한 것 때문이 아닐까! 라는 생각이 든다.

한국 학생들 중에 똑똑하고 머리도 좋은 학생들이 오래 학업에 정진하여 세계적으로 크게 명성을 얻는 경우가 다른 나라에 비해 있다고 하지만 적은 것은 부인할 수 없는 사실이다.

다산 선생은 오히려 머리가 좀 나쁘고 둔한 사람들이 노력을 통해 어느 정도의 경지에 이르게 되면 그 때부터는 거칠 것이 없게 된다는 사실을 강조하고 있는 것이다.

즉 머리가 나빠서 둔한 것이나 막힌 것이나 답답한 것이나 '부지런하고, 부지런하고, 부지런하면' 풀린다"는 게 다산의 가르침이었던 것이다. 다산은 이때 했던 문답을 글로 작성하여 제자 황상에게 주었고, 황상은 이를 평생 간직하며 항상 보고 또 보며 마음을 다 잡으며 정진했다고 한다.

이러한 사실에 대해 정민 선생은 자신의 책을 통해 잘 설명해 놓았다. 먼저 그중에서도 다산 선생이 제자 황상에게 설명해 준 삼근(三勤)의 원리를 살펴보자.

"내 생각을 말해줄까? 공부는 꼭 너 같은 사람이 해야 한다. 둔하다고 했지? 송곳은 구멍을 쉬 뚫어도 곧 다시 막히고 만다. 둔탁한 끝으로는 구멍을 뚫기가 쉽지 않지만, 계속 들이파면 구멍이 뚫리게 되지. 뚫기가 어려워서 그렇지 한번 구멍이 뻥 뚫리면 절대로 막히는 법이 없다. 앞뒤가 꼭 막혔다고? 융통성이 없다고 했지? 여름 장마철의 봇물을 보렴. 막힌 물은 답답하게 앞으로 나아가지 못한 채 제자리를 빙빙 돈다. 그러다가 농부가 삽을 들어 막힌 봇물을 터뜨리면 그 성대한 흐름을 아무도 막을 수가 없단다. 얼마나 통쾌하냐? 어근버근 답답하다고 했지? 처음에는 누구나 공부가 익지 않아 힘들고 버벅거리고, 들쭉날쭉하게 마련이다. 그럴수록 꾸준히 연마하면 나중에는 튀어나와 울퉁불퉁하던 것이 반질반질 반반해져서 마침내 반짝반짝 빛나게 된다. 구멍은 어떻게 뚫어야 할까? 부지런히 하면 된다. 막힌 것을 틔우는 것은? 부지런히 하면 된다. 연마하는 것은 어찌해야 하지? 부지런히 하면 된다. 어찌해야 부지런히 할 수 있겠니? 마음을 확고하게 다잡으면 된다. 그렇게 할 수 있겠지? 어기지 않고 할 수 있겠지?" < 정민, [삶을 바꾼 만남], 35 ~ 36쪽 >

한 마디로 '부지런하고, 부지런하고 부지런하라' 는 것이 이 삼근의 주된 핵심이다. 첫째도 부지런하고, 둘째도 부지런하고, 셋째도 부지런하라는 것이다. 바로 이러한 자세가 공부의 자세이기 때문에 근성이 없는 사람은 절대 공부를 통해 일가를 이룰 수 없는 것이다.

즉 열정, 끈기, 근성은 모두 부지런함으로 표출 될 수밖에 없다. 대충 적당히 하는 사람은 이러한 단어들과 어울리지 않는다. 열다섯 살의 소년 황상이 다산 선생과의 '삼근계' 문답을 직접 다산 선생에게 받고 60년이 지나 일흔 다섯 살 때 쓴 [임술기壬戌記]란 글에 보면 다산 선생이 직접 써 준 글이 자세하게 소개되어 나온다.

정민 선생이 황상의 [임술기]에서 이 부분을 번역해서 자신의 책에 소개해 준 대목을 우리는 살펴볼 수 있다.

" 먼 옛날 임술년에 동파거사는 10월 보름날 적벽강 한가운데서 배를 타고 노닐었다. 옛날 임술년(1802) 10월 10일에 나는 열수 선생님께 제자의 예를 갖추었다. 고금에 한 바가 같지 않지만, 어찌 연도가 우연히 서로 일치됨이 이와 같단 말인가? 금년에 또 임술년을 만나 지나간 옛날을 돌아보며 일시를 꼽아보노라니 온갖 생각이 한꺼번에 일어나 한 시대의 마음 졸이는 사람이라 할 만하였다. 내가 제자의 예를 갖춘 지 이레째 되던 날, 선생님은 문사(文史)를 공부하라는 글을 내리셨다. 그 글은 이러하다.

" 내가 산석(山石)에게 문사 공부할 것을 권했다. 산석은 머뭇머뭇하더니 부끄러운 빛으로 사양하며 이렇게 말했다.

'제게 세 가지 병통이 있습니다. 첫째는 둔한(鈍) 것이요, 둘째는 막힌(滯) 것이며, 셋째는 답답한(戛) 것입니다.'

내가 말했다.

' 배우는 사람에게 큰 병통이 세 가지 있는데, 네게는 그것이 없구나. 첫째 외우는 데 민첩하면 그 폐단이 소홀한데 있다. 둘째, 글짓기에 날래면 그 폐단이 들뜨는 데 있지. 셋째, 깨달음이 재빠르면 그 폐단은 거친 데 있다. 대저 둔한데도 들이파는 사람은 그 구멍이 넓어진다. 막혔다가 터지면 그 흐름이 성대해지지. 답답한데도 연마하는 사람은 그 빛이 반짝반짝 빛나게 된다. 뚫는 것은 어떻게 해야 할까? 부지런히 해야 한다. 틔우는 것은 어찌하나? 부지런히 해야 한다. 연마하는 것은 어떻게 할 까? 부지런히 해야 한다. 네가 어떻게 부지런히 해야 할 까? 마음을 확고하게 다잡아야 한다.'

당시 나는 동천여사에 머물고 있었다. 이때 내 나이가 열다섯이었다. 동자로 관례도 치르지 않았다. 마음에 새기고 뼈에 새겨 감히 잃을까 염려하였다. 그때부터 지금까지 61년 동안 독서를 그만두고 쟁기를 잡고 있을 때에도 마음에 늘 품고 있었다. 지금은 손에서 책을 놓지 않고 한묵 속에서 노닐고 있다. 비록 이룬 것은 없다 하나, 구멍을 뚫고 어근버근함을 틔우는 것을 삼가 지켰다고 할 만하다. 또한 능히 마음을 확고히 다잡으라는 세 글자를 받들어 따랐을 뿐이다. 하지만 지금 나이가 일흔다섯이 넘어 남은 날이 많지 않다. 어찌 제멋대로 내달려 도를 어지럽힐 수 있겠는가? 지금 이후로도 스승께서 주신 가르침을 잃지 않을 것이 분명하고, '애야! 어겨서는 안 된다.' 고 하신 말씀을 행할 것이다. 이에 [임술기]를 적는다. "

< 황상, [임술기] 36 ~ 38쪽, 정민, [삶을 바꾼 만남], 36 ~ 38쪽 번역 >

원래 본문을 보면 재미있는 사실을 발견할 수 있다. 그 당시 열 다섯 살 밖에 안 된 제자 황상이 둔한 둔鈍, 막힐 체滯, 어근버근할 알戛, 이라는 세 가지 문제를 고민하면서 스승인 다산 선생에게 말했던 것이다.

그런데 다산 선생은 재치있게, 세 가지 글자로 대구를 맞추어 제자의 문제를 해결해 주었던 것이다. 그것이 바로 재빠를 민敏, 날카로울 예銳, 빠를 첩捷, 이라는 세 글자 였다. 이것은 똑똑하고 명석하고 재빠른 천재보다 우둔하고 답답한

둔재의 노력이 훨씬 더 중요하다는 것을 일깨워 준 위대한 스승의 모범 사례라고 생각해도 될 것이다.

– 실학의 집대성자 _ 지식 경영대가

다산 정약용 선생이 실학의 집대성자가 될 수 있었던 것은 북학이 성행했던 18세기 후반에서 19세기 전반기를 살았지만, 고향이 남인들의 본거지인 양주였기 때문이라고 생각해 볼 수 있을 것이다.

여기에 오랜 시간 동안의 유배 생활을 통해 학자로 대성할 수 있었던 철저한 자기 관리와 공부에 대한 남다른 의식이 더해져서 결국 지식 경영의 대가가 될 수 있었다고 볼 수 있다.

“ 18세기 후반에서 19세기 전반기를 살았

던 정약용은 고향이 남인의 본거지인 양주(楊州)였던 까닭에 비록 학문적 계보는 남인 고학에 두었지만, 고학과 북학을 모두 절충한 정조의 지도를 받게 되고, 또 서울 노론의 북학을 접하게 되면서 고학과 북학을 절충하는 사상가로 변하게 되었다. 그래서 정치개혁은 고학을 따라 왕권강화를 지지하고, 경제적으로는 북학을 따라 기술진보를 바탕으로 한 이용후생의 시대를 열고자 했다. 역설적이지만, 순조 초의 18년 동안에 걸친 장기(長鬐)와 강진(康津)에서 보낸 유배 생활과 양주 고향에서의 오랜 독서 생활이 그로 하여금 큰 학자가 되는 기회를 만들어 주었다." < 한영우, [한국선비지성사], 지식산업사 >

다산 선생이 주장했던 실학의 집대성의 요체는 기예(技藝;기술)의 발전이 인류의 발전의 큰 원동력이라는 사상이었을 것이다. 사람과 짐승이 다른 것도 역시 기예를 이용할 줄 아는 데 있다고 그는 보고 있다.

한 마디로 이용후생(利用厚生)과 부국강병(富國强兵)의 가장 중요한 수단이 바로 기예라고 그는 생각했다. 그래서 기예가 발달한 나라들이 모두 강한 나라가 되고 있음을 강조했다. 뿐만 아니라 그는 민생을 향상시키기 위해 많은 노력을 했던 인물이다.

그가 <牧民心書목민심서>를 저술한 주된 목적은 민생을 향상시키기 위한 대안으로 지방 수령의 자질을 높이기 위해서였다고 해도 과언이 아닐 것이다. 또한 그는 백성들의 인권을 보호하기 위해서는 공정하게 법이 집행되어야 한다는 사실을 깨닫고, 공정한 법 집행서인 <흠흠신서>를 편찬하기도 했다.

그의 저술은 500여 권이 넘는다. 그리고 그 분야도 너무나 다양하여 그의 놀라운 공부에 놀라지 않을 수 없게 만든다.

필자로 하여금 가장 놀라게 한 책은 그가 백성

들이 돌림병인 천연두로 인해 죽는 것을 보고, 종두를 직접 실험하고 관찰하여, 저술하기도 한 의술서인 <마과회통>(痲科會通) 이다. 이 뿐만 아니라 그는 지리와 역사에 대한 책인 <강역고>(疆域考)라는 책도 저술했기 때문이다.

그가 <마과회통>(痲科會通)이란 책을 편집한 것도 그가 지식 경영의 대가이기 때문에 가능했다고 생각해 볼 수 있다. 그는 6남 3녀의 자녀 중에서 4남 2녀를 대부분 마마로 잃었다. 그래서 그는 더 이상 천연두로 인해 자신처럼 고통받는 백성이 사라지기를 바라는 마음에서 수많은 의서(醫書)들을 읽고 그중에서 천연두 관련 내용만 추려내, 예방법과 치료법을 정리했던 것이다.

다산 선생을 조선 최고의 지식 경영자라고 필자가 생각하는 이유는 다산 선생의 공부 분야가 마치 현대의 현대 경영학의 창시자였던 피터 드러커와 같이 다양한 분야를 넘나들며 다양한 주제에 대해 공부를 하고 저술을 했기 때문이다.

다산 선생이 조선 시대 최고의 지식경영자라고 하는 필자의 생각을 뒷받침 해 주는 책이 바로 [18세기 조선 지식인의 발견]이라는 책이다. 이 책에 보면 다산 선생이 어떻게 최고의 지식 경영자라고 말할 수 있는 지에 대해 잘 설명해 놓은 대목을 발견할 수 있기 때문이다.

" 내가 아는 한 다산 정약용은 우리나라 최고의 편집자요, 지식 경영의 귀재다. 그는 정보를 다루는 방법을 알았다. 40세에서 57세까지 18년간의 강진 유배 생활 중 5백여 권의 저술을 남길 수 있었던 것도 그의 탁월한 편집 역량 때문이다.

<목민심서(牧民心書)만 해도 그렇다. 이 책은 자신의 경험을 토대로, 23사와 역대 문집 등에서 백성을 다스리는 목민관의 일과 관련된 사례를 가려 뽑고 해설을 덧붙인 것이다. 역대 문헌에서 추려낸 카드의 양이 우선 엄청나다. 전

체 목차를 보면, 부임에서 이임까지의 단계를 12항목으로 나누어 사례를 정리했다. 물론 이 엄청난 작업을 그 혼자 한 건 아니다. 강진의 제자들이 역할을 분담하여 1차 자료를 선별해 베껴 쓰고 분류했다. 다산은 이 모든 작업을 진두지휘한 총기획자요 편집자였다. 그의 손을 한번 거치면 서 말 구슬이 단번에 한 꿰미로 꿰어졌다. “ < 정민, [18세기 조신 지식인의 발견], 24쪽 >

그가 실학의 집대성자가 될 수 있었던 것도 그가 남다른 지식 경영의 귀재였기 때문이라고 생각하면 큰 무리가 없을 것이다.

그렇다면 다산 선생이 쓴 책은 정확히 모두 몇 권이었으며, 어떻게 분류할 수 있을까?

다산 선생이 쓴 책은 정확히 503권이라고 한다. 이러한 사실에 대해 [조선을 만든 사람들]에 보면 정확하게 다음과 같이 기록되어 있다.

“ 그가 살아생전 쓴 책은 필사본인 [열수전서(列水全書)]에 경집 88책 250권, 문집 30책 87권, 잡찬 64책 166권 등 총 182책 503권이었다.” < 이성무, [조선을 만든 사람들], 241쪽 >

– 네 살에 <천자문>을, 일곱 살에는 한 시를.

다산 선생은 공부를 출세의 수단으로 하게 되면 공부를 통해 얻는 것도 없고, 자기 자신도 또한 잃어버리게 된다고 경계했다. 그렇다면 이러한 공부에 대한 기초를 언제부터 배웠던 것일까? 그가 공부를 하게 된 나이는 몇 살 때부터였을까? 그리고 그의 학문적인 스승은 과연 누구였을까?

그에게 학문의 기초를 가르쳐 준 스승은 다름 아닌 그의 아버지 정재원(丁載遠)이였다. 그리고 그가 학문을 시작한 것은 네 살 때부터라고 전해진다. 그래서 그는 네 살 때부터 <천자문>을 배웠고, 일곱 살에는 한 시를 지었다고 한다.

그가 지은 첫 번째 시가 바로 '산'이라는 제목의 시이다.

작은 산이 큰 산을 가리니
멀고 가까운 땅이 같지 않네요.

그가 18년 동안의 유배지 생활을 하면서 500권의 책을 저술할 수 있었던 비결 중에 하나는 그가 글 짓는 것을 어렸을 때부터 매우 즐겼기 때문이라고 할 수 있다.

그는 열 살 전에 이미 시집 <삼미자집三眉子集>이라는 시집을 낼 정도로 한시를 잘 지었을 뿐만 아니라 글짓기를 아주 즐겨, 일 년이면 그가 지은 글이 그의 키높이만큼 쌓였을 정도라고 전해지고 있다.

다산 선생은 스물세 살에 성균관에 입학하였다. 정조는 정약용을 이미 눈여겨보고 있었다. 정조가 질문을 하고 숙제를 낼 때 마다 다산 선생이 탁월한 답안을 올려 칭찬과 포상을 많이 받았기 때문이다.

정조가 성균관 유생들에게 <중용>에 관한 80개의 질문을 하면서 답변을 제출하라는 숙제로 인해 다산은 기발한 답안지인 <중용대책>을 쓰고 정조에게 바치기도 했다.

또한 다산 선생은 정조의 명을 받아 수원 화성을 축조하기도 했다. 10년이 걸려도 어렵다던 성을 2년 6개월 만에 완성했을 뿐만 아니라 서양의 서적을 참조하여 서양의 기술을 이용하기도 했다.

지식 경영의 대가다운 면모를 알 수 있는 대목이 바로 수원성 인지도 모른다. 그가 수원성 축성 시 설계를 담당했고, 축성기기로 거중기, 고륜, 활차 등을 고안하여 축성에 이용하기도 했기 때문이다.

– 거친 유배 생활에서 학문에 더욱 힘쓰다.

다산 선생의 학문의 깊이는 유배 생활을 통해 더 깊어졌음을 알 수 있다. 그가 강진에 내려간 후에 자신의 사십 평생을 되돌아보면서 쓴 글을 통해 그의 공부의 흐름을 대강 알 수 있다.

“ 나를 잘 못 간직하다가 나를 잃은 자이다. 어렸을 때 과거가 좋게 보여서 과거 공부에 빠져 든 것이 10년이었다. 마침내 처지가 바뀌어 조정에 나아가 검은 사모를 쓰고 비단 도포를 입고 미친 듯이 대낮에 큰길을 뛰어다녔는데 이와 같이 12년을 했다. 또 처지가 바뀌어 한강을 건너고 조령鳥嶺을 넘어 친척과 선영을 버리고 아득한 바닷가의 대나무 숲에 와서야 멈추게 되었다.” < 이성무, [조선은 만든 사람들], 234 쪽 >

다산 선생이 유배지에서 가장 먼저 시작한 공

부의 주제는 <주역> 공부이었다. 그는 <周易四箋주역사전>과 <역학서언易學緖言> 12권을 완성했다. 그가 이렇게 주역에 집중하게 된 것은 삶과 죽음의 문제에 관심이 많았기 때문이라고 볼 수 있다.

유배 생활 동안 그는 강진의 서민 생활을 고발하는 작품을 쓰기도 했고, 자녀들의 교육을 위해 편지를 이용하여 독서하는 법을 중심으로 여러 가지 사항에 대해 자녀를 훈계하고 가르치는 편지를 썼다.

세월이 지나면서 그의 명성이 알려지자 인근의 학도들이 몰려들었다. 여기에 황상도 포함되어 있었던 것이다.

오늘날 다산초당(茶山艸堂)이라고 하는 곳의 뒷산에는 차나무가 많았다. 다산 선생이 이곳으로 옮겨온 후부터 호를 다산이라 했다고 한다.

그리고 그는 그의 호처럼 이곳에서 많은 책들을 썼다.

이 때 쓴 책들이 <다산문답> <아방강역고> <경세유표> 40권, <목민심서> 48권, <국조전례고> 등이다. 그의 대표작들이라고 할 수 있다.

그가 유배 생활을 한 것은 다산 개인에게는 비극이었지만, 조선 학문계의 측면에서는 축복이라고 할 수 있다. 그것은 다산이 유배 생활을 통해 엄청난 학문을 도야하고 500여 권의 소중한 저작들을 쏟아내었기 때문이다.

이러한 사실에 대해 잘 설명해 주는 대목을 쉽게 찾아 볼 수 있다.

" 그가 20여 년 만에 자신의 성과를 들고 귀양지에서 서울로 돌아왔을 때, 당대의 학자들도 놀랐다. 놀라다 못해 경악했다. 그의 성과는 대부분 18년간의 강진 유배생활의 고초 속에서 이룩된 것이다. 한 사람이 뜻을 세워 몰두하면 못할 일이 없다는 것을 그는 몸으로 실천해 보였다. 작업에 몰두하느라 방바닥에서 떼지 않았던 복사뼈에 세 번이나 구멍이 났다. 머리카락도 다 빠졌다. 20년에 가까운 오랜 귀양살이는 다산 개인에게는 절망이었지만, 조선 학술계를 위해서는 벼락같이 쏟아진 축복이었다." < 정민, [다산선생 지식경영법], 19쪽 >

– 실제에 쓸모가 없다면 헛공부다.

다산 선생은 공부를 출세의 수단으로 여겨서는 공부도 잃고 나도 잃는다고 경계했다. 하지만 또한 실제에 쓸모가 없는 그런 탁상공론에 치우친 공부 또한 헛공부라고 경계한다.

아집에 사로잡혀 공부할수록 독해지고 못돼진다면 헛공부라는 것이다. 공부하는 보람을 세상과 담쌓는 데서 찾는 것은 공부에 대한 모독이라고 말한다.

이것이 바로 실학의 정신이 아닐까? 그의 공부론에 대한 주장을 살펴보자. 이것은 다산 선생이 쓴 [도산사숙록]을 보고 정민 선생이 다산 선생의 공부에 대해 정리를 한 내용이다. 정민 선생이 정리한 것을 통해 다산 선생의 공부론을 조금이라도 알 수 있게 되기 때문에 살펴보고자 하는 것이다.

“ 실제에 쓸모가 없다면 하나마나한 공부다. 물론 학문 자체가 다 실용적일 수는 없고, 그래서도 안 된다. 다만 학문을 위한 학문, 학문으로 끝나는 학문이어서는 곤란하다. 학문을 함으로써 세상을 보는 안목이 툭 터지고, 식견을 깨칠 수 있어야 한다. 도를 닦는 것은 현실에서 내 몸가짐을 바로 갖기 위해서다. 뜻을 세우려면 공허해서는 안 되고 구체적이고 실천적인 목표가 있어야 한다. 학문을 한다면서 독서만 느는 것은 학문을 제대로 하지 못했기 때문이다. 공부를 할수록 걸림이 없어지고 가슴이 시원스러워져야 하는데, 아집에 사로잡혀 자꾸 독해지고 못돼진다면 헛공부를 한 것이다. 학문의 보람을 세상과 담 쌓는데서 찾는 것은 공부에 대한 모독이다.” < 정민, [다산어록청상], 185쪽 >

다산 선생은 학문을 위한 학문, 학문으로 끝나는 학문을 경계했다는 것을 알 수 있다. 학문을 했다면 세상을 보는 안목이 툭 터져야 하고, 식견을 깨칠 수 있어야 한다고 주장했다. 특히 다산 선생이 경계한 것은 실제에 하나도 쓸모가 없으면서도 아집에 사로잡혀 자꾸 편협해져가고 그로 인해 독해져 가는 것을 경계했다.

세상을 잘 살기 위해 공부를 하고, 세상을 더 나은 세상으로 만들기 위해 공부를 하고, 세상에 쓸모 있는 것을 만들고, 자기 자신도 세상에 쓸모 있는 사람이 되기 위해 공부를 해야 한다는 것을 의미한다.

다산 선생은 특히 참된 선비라면 그 공부가 반드시 나라를 다스리고 백성을 편안히 하는 일과 같은 것들이 다 해당한다고 다음과 같이 말한 적이 있다.

" 참된 선비의 학문은 나라를 다스리고 백성을 편안히 하는 일(치국안민,治國安民), 오랑캐의 침입을 물리치는 일, 나라 살림을 넉넉하게 하는 일, 백성이 문무에 능하도록 교육하는 일

등이 두루 해당된다. 어찌 고문(古文) 구절을 따서 글이나 짓고, 벌레나 물고기 이름에 주석이나 달고, 소매 넓은 옷을 떨쳐입고서 예모만을 익히는 것이겠는가?”

< 함규진, [정약용], 179쪽, ([시문집 12], ‘속유론’)

다산 정약용 선생이 생각하는 참된 선비의 학문은 고문 구절을 따서 글이나 짓고, 벌레나 물고기 이름에 주석이나 다는 그런 것이 아니었다. 실제로 나라를 다스리고 백성을 편안히 하고 외적의 침입을 막고, 나라 살림을 넉넉하게 하고, 백성이 문무에 능하도록 교육하는 일 등을 모두 참 된 선비의 공부라고 그는 말하고 있는 것이다.

– 무겁고 깊은 공부를 하라.

다산 선생은 무겁고 깊은 공부를 해야 한다고 조언하면서 자랑하는 그런 공부를 자제해야 한다고 말한다.

소낙비 지나가듯 공부하기 보다는 하나하나 차곡차곡 쌓이고 쌓여 하나의 흐름을 만들어내는 그런 축적의 공부를 하는 것이 중요하다고 다산의 공부론에 대해 정민 선생은 다음과 같이 말했다.

“ 공부는 온축의 과정이 중요하다. 하나하나 차곡차곡 쌓이고 쌓여 그것이 하나의 흐름을 만들어내야 한다. 제 목소리를 내는 것은 그 다음의 일이다. 하나 배워 하나 떠들고, 둘 배워 둘 떠들면, 안으로 쌓여 고이는 것이 없다. 마른 땅 위로 소낙비 지나가듯 해서는 못 쓴다. 입을 다물면 기운이 안으로 쌓인다. 눈을 감아야 정신이 맑고 깨끗해진다. 재주를 못 이겨 나풀대기만 하면 한두 번 귀 기울이던 사람도 마침내는 비루하게 여겨 거들떠보지 않는다. 무겁고 깊은 공부를 해야 한다. 묵직이 가라앉혀야지 들떠서는 못 쓴다.” < 정민, [다산어록청상], 191쪽 >

다산 선생은 하나를 배워 하나를 떠드는 그런 얄팍한 공부를 경계하라고 말한다. 재주를 못 이겨 나풀대는 그런 공부를 조심하라고 말한다.

그렇게 다산 선생이 무겁고 깊은 공부를 강조하고 가볍고 얕은 공부를 경계한 것을 알 수 있는 그의 말을 직접 살펴보자.

“ 옛날에 학문을 하는 것은 다섯 가지였다. 널리 배우고, 따져 물으며, 곰곰이 생각하고, 환히 분변하여, 독실하게 행하는 것이 그것이다. 오늘날 학문을 하는 것은 널리 배우는 것 한 가지뿐이다. 따져 묻는 것 이하로는 마음에 없다. 가까이는 마음을 다스리고 성품을 다잡을 생각을 하지 않고, 멀리는 세상에 보탬이 되고 백성을 좋게 하기를 구하지 않는다. 오직 스스로 널리 듣고 기억력이 좋으며 글 잘 짓고 말 잘하는 것만 뽐내면서 온 세상을 비루하다고 얕잡아볼 뿐이다.” < 정민, [다산어록청상], 116쪽, [오학론(五學論)], 2, 5 - 120 >

다산 선생은 널리 배우는 것 하나에만 치중되는 공부를 경계했다. 그래서 그저 배우기만 하고, 마음을 다스리지 못하고 성품을 다잡을 생각을 하지 않는 공부를 하지 말라고 한다. 세상에 보탬이 되는 그런 공부, 백성을 좋게 하는 그런 공부를 구하고 해야 한다고 돌려서 말을 하고 있는 것이다.

자신이 그저 널리 배웠고 기억력이 좋고 글 잘 짓고 말 잘 하는 것을 뽐내면서 온 세상이 비루하다고 얕잡아보는 그런 공부를 싫어했다는 것을 알 수 있다. 한 마디로 많이 배우기만 하는 것이 능사가 아니라는 것이다. 얼마나 자신이 배운 것에 대해서 깊이 사색하고 의문을 품고 분변하여 실천하고 세상에 이로움을 주려고 했느냐가 중요하다는 것이다.

– 공부하지 않으면 변변치 못한 자가 된다.

다산 선생에게 우리가 배워야 할 것은 세상의 부와 명예, 권력을 위해서, 출세하기 위해서, 공부하는 것이 아니라 공부는 마땅히 인간이라면 해야 하는 것이기에, 그리고 자신을 좀 더 훌륭한 존재로 발전시키기 위해 공부를 했던 그 공부에 대한 자세와 열정이라고 말하고 싶다.

생각해 보자, 당신이 만약에 열심히 일하다가 누군가의 모함이나 누군가의 편협한 생각 때문에 기약 없는 유배 생활을 하게 되고, 세상에서 완전하게 밀려나서 쥐 죽은 듯이 그렇게 살아야 하는 죄인의 신분이 되었다면 당신은 이제 어떻게 살아가겠는가?

그저 바다낚시나 하면서, 경치나 구경하고 감상하면서 그렇게 유유자적하며 살겠는가? 아니면 모든 것을 포기하는 그런 자포자기의 심정으로 하루하루 폐인처럼, 희망도 없이 살아가겠는가?

세상에서 쫓겨나서 유배지에 간 죄인들의 삶의 모습이 과연 어떨까? 우리가 쉽게 생각해 보면 알 수 있는 것들 중에 하나가 취업도 되지 않고, 돈도 명예도 없고, 아무것도 할 수 없는 그런 40대 중년들의 삶의 모습을 생각해 보자.

이러한 40대 중년의 백수들보다 제주도라는 먼 지역에 유배당한 다산 선생의 형편과 처지는 몇 백 배 더 비참하고 절망적이었을 것이다. 하지만 다산 선생은 그런 최악의 상황에서 공부에 대한 열정을 불태웠고, 인생의 보람을 오직 공부에서 찾았던 대학자였던 것이다.

그러한 공부에 대한 자세와 열정이 '과골삼천'의 이야기를 만들어 냈고, '삼근계'의 이야기를 만들어냈고, 18년 동안 500여 권의 저작을 저술한 전설과 같은 신화를 만들어 낼 수 있었던 원동력이었다고 필자는 생각하지 않을 수 없는 것이다.

다산 선생은 몰락한 사대부였다. 그래서 자신보다 더 자녀들의 앞날을 걱정하지 않을 수 없었을 것이다. 그가 두 아들에게 보내는 편지를 보면 이러한 사정이 적나라하게 잘 드러난다. 하지만 그 내용들은 모두 사람으로 태어나서, 몰락한 사대부라도 공부를 하지 않으면 변변치 못 한 사람이 되고, 변변치 못 한 인생을 살아갈 수밖에 없다는 권학문에 가까운 내용의 편지글임을 쉽게 알 수 있다.

“집에 책이 없느냐 아니면 재주가 없느냐 그것도 아니면 눈과 귀가 총명하지 못하느냐!”

다산이 두 아들에게 보내는 편지 중에 한 대목이다. 그가 얼마나 두 아들에게 공부의 중요성을 강조했는지 너무나 쉽게 찾아볼 수 있다. 특히 몰락한 사대부들에게 재주를 내려주는 이유는 학문을 향한 뜻이 세상의 출세에 가리어지지 않았기 때문이라고 말하기도 했다.

“ 몰락한 사대부 중에 재주가 뛰어나고 호걸스러운 선비가 많은 이유는, 하늘이 몰락한 사대부에게 재주 있는 사람을 내려보내 그들을 후하게 대접한 것이 아니라 세상에 나아가 출세하고 부귀영화를 누리려는 마음이 학문을 향한 뜻을 가리지 않았기 때문이다. 열심히 독서하고 이치를 궁리하여 세상과 사물의 진면목을 얻고 올바른 학문의 핵심을 알 수 있었기 때문이다.

평민의 신분으로 공부하지 않으면 어리석고 변변치 못한 자가 될 뿐이다. 그러나 몰락한 사대부 출신으로 공부하지 않으면 성품이 뒤틀려 포악하고, 누추하고 천박해 세상 사람들이 가까이 하려하지 않는 자가 되어서 버림을 받고 만다. 또한 혼삿길이 막혀 천박한 사람하고나 결혼하게 될 것이고, 한두 대가 지나 물고기 입 혹은 강아지 이마를 가진 자식이 나오게 되면 그 집안은 이제 물어볼 것도 없는 처지가 되고 만다. “

< 정약용, [다산시문집], ‘두 아들에게 보냄’, 고전연구회 사암, [조선의 선비 서재에 들다], 195쪽 >

몰락한 사대부라도 공부를 하지 않으면 더 나쁜 상황을 스스로 초래하기 때문에 공부는 누구라도 어떤 형편의 사람이라도 반드시 해야 한다는 것을 다산 선생은 강조하고 또 강조하는 것이다.

– 공부할 때 가장 먼저 해야 할 세 가지 일.

다산 선생은 두 아들에게 편지를 보내 두 아들에게 공부할 때 가장 먼저 해야 할 세 가지 일에 대해 말한 적이 있다.

그 당시 공부하는 선비들 사이에서 발생하는 병폐 중에 하나가 눈으로 사물을 관찰하지 않고, 마음으로 사물을 관찰한다는 뜻의 '반관(反觀)'을 명분 삼아 겉모양을 닦고 꾸미는 일을 거짓과 위선이라고 하여, 방자하게 움직이는 젊은 선비들이 몸가짐과 행동, 심지어 예절까지 멋대로 하는 것이었다.

다산 선생은 이러한 생각을 가지고 있던 중에 두 아들을 만난 적이 있었는데 도무지 몸가짐이 단정하고 행동이 엄숙한 모습을 눈을 씻고 보아도 찾아보기 어려웠음을 밝히면서, 행동을 삼가고, 겉모양을 바로 잡는 것이 중요하다는 사실에 대해 편지를 쓰기도 했던 것이다.

“ 옛 성인이 다른 사람을 가르칠 때 ‘먼저 겉모양에서부터 바로잡아 나가야 마음을 안정시킬 수 있다’ 고 한 것을 깨우치지 못했기 때문이다. 비스듬히 눕거나 삐딱하게 서서 목청껏 소리 내어 지껄이며 이리저리 시선을 주는 사람치고 공경을 위주로 마음을 보존한 자가 없었다.”

< 정약용, [다산시문집], ‘ 두 아들에게 보냄’ , 고전연구회 사암, [조선의 선비 서재에 들다], 197쪽 >

한 마디로 공부를 하는 선비라면, 무엇보다도 행동과 몸가짐부터 바로 잡아야 한다고 그는 말하고 있다. 물론 자기 자신도 지난날을 돌이켜보면 이러한 병폐에 심하게 젖어 있었다는 사실을 고백하기도 한다. 그래서 더더욱 공부하는 사람들이 공부할 때 가장 먼저 해야 할 세 가지 일로 그는 용모를 단정히 하는 것과 말을 하는 것, 그리고 안색을 올바르게 하는 것이라고 두

아들에게 말했던 것이다.

“이렇게 살펴본다면, 학문을 닦을 때 가장 먼저 해야 할 일은 ‘용모를 움직이는 것’ ‘말을 하는 것’ ‘안색을 올바르게 하는 것’ 이라고 할 수 있다.

진실로 이 세 가지에 힘을 쏟지 않는다면 제아무리 하늘의 이치를 꿰뚫어 보는 재주와 남보다 탁월한 식견을 갖추고 있다 해도, 자기 한 몸 지탱하기도 힘들 것이다. 그러한 폐단으로 말미암아 함부로 말하고 제멋대로 행동해 세상을 훔치는 도적이 되고, 큰 악을 저지르며, 이단과 잡술을 일삼게 된다.“

< 정약용, [다산시문집], ‘두 아들에게 보냄’, 고전연구회 사암, [조선의 선비 서재에 들다], 197쪽 >

바로 이런 이유에서 다산 선생은 스스로를 경계하기 위해서, 자신의 서재의 이름을 ‘삼사三斯’라 이름을 붙였던 것이다. 삼사라는 의미는

'난폭하고 태만함을 멀리하는 것' '비루하고 천박함을 멀리하는 것' '진실을 가깝게 하는 것' 이라는 세 가지를 의미한다.

결론은 다산 선생이 공부할 때 가장 먼저 해야 할 세 가지 일로 언급한 것을 정리하면 이것이다.

첫째. 용모를 단정하게 하는 것.
둘째. 엄숙하게 말을 하는 것.
셋째. 안색을 바르게 하고 진실되게 하는 것.

지금 우리들도 공부하는 사람이라면, 반드시 몸가짐을 허투루 해서는 안 될 것 같다. 몸가짐에 따라 우리의 마음이 달라지고, 우리의 마음에 따라 몸가짐도 또한 달라질 수 있기 때문일 것이다.

– 공부는 천하에 공평한 것이다.

다산 선생의 방대한 학문적 성과는 결국 18년 동안의 강진 유배 시절에 거의 이루어졌고 완성된 것이라고 말할 수 있다. 그래서 조선 학술계로서는 다산 선생이 유배를 가게 된 것이 하나의 축복이라고 할 수 있었던 것이다.

하지만 수 백 명의 학자가 유배를 간다고 해고 다산 선생처럼 그렇게 학문적인 완정을 이루는 것은 절대 아니니다. 그렇다면 어떻게 해서, 무엇 때문에 다산 선생은 그렇게 거친 유배 생활에서 그토록 엄청난 학문적 성과를 이룰 수 있었던 것일까?

이러한 의문에 필자는 다산 정약용 선생의 학문에 대한 남다른 커다란 포부와 학문에 대한 뜨거운 헌신과 열정이라는 점에 초점을 맞출 수 있었던 것이다.

[여유당전서]에 보면 다산 선생이 이미 스물 살 때 커다란 학문적 포부를 가졌다는 사실을 알 수 있게 해 주는 글이 실려 있다.

" 나는 스무 살 때 우주 사이의 모든 일을 가져다가 일제히 고찰하여 일제히 정돈하고 싶었는데, 서른 살 마흔 살이 되어서도 이 뜻이 변치 않았다. 유배 온 이래로 백성과 나라에 관계되는 일들, 이를테면 토지제도, 관료제도, 군사제도, 국가재정, 조세제도와 같은 일에는 생각을 줄일 수 있었으나 경전의 주석과 관련해서는 잘못된 것을 바로잡고자 하는 염원이 있었다. 하지만 이제 중풍으로 쓰러지니 그런 마음이 점점 쇠퇴해진다. 그러나 기운이 조금 나아지면 이러저러한 생각들이 불현듯 다시 일어나곤 한다."

< [여유당전서], 박희병, [선인들의 공부법], 184쪽 >

다산 선생이 일찍부터 커다란 학문적 포부를 가질 수 있도록 해 준 그의 공부에 대한 생각은

어떤 것이었을까? 다산 선생은 학문은 천하에 누구에게나 공평한 것이라는 생각을 가지고 있었던 것이었다.

“ 학문은 천하의 공변된(공평한) 것이다. 참으로 그 말이 도에 어긋난다면 비록 대인 군자에게서 나온 말이라 할지라도 믿지 못하겠거늘, 하물며 대인 군자보다 못한 사람임에랴. 참으로 그 말이 이치에 맞다면 비록 미천한 사람이나 용렬한 사람에게서 나온 말이라 할지라도 의당 드러내 주어야 하겠거늘, 하물며 그보다 더 나은 사람임에랴.” < [여유당전서], 박희병, [선인들의 공부법], 182쪽 >

한 마디로 ‘공부는 천하에 누구에게나 공평한 것’이라는 것이 다산 선생의 공부에 대한 생각이었다고 할 수 있을 것이다.

근대 일본의 중흥을 이끈 두 권의 책 중에 하나로 알려진 후쿠자와 유키치의 [학문을 권함]이란 책을 보면 '하늘은 사람 위에 사람을 만들지 않고, 사람 밑에 사람을 만들지 않았다' 라는 문장이 나온다. 이 말도 역시 사람은 평등하다는 것을 의미한다. 그런데 이 책의 저자가 학문을 권하는 이유는 학문을 통해 누구나 평등한 기회를 얻게 되고, 학문을 한 만큼 자신의 발전을 이룰 수 있고, 그로 인해 미래를 개척해 나갈 수 있다는 사실을 확신하기 때문일 것이다.

즉 공부는 누구에게라도 공평한 것이고, 자신이 한 만큼 이룰 수 있는 것임을 다시 한 번 명심해야 할 것을 다산 선생은 피력하고 있는 것이다.

– 독서야말로 인간의 본분이다.

다산 선생은 독서야말로 인간으로 하여금 짐승과 벌레의 부류를 벗어나 저 광대한 우주를 지탱하게 만드는 것이기 때문에 인간의 본분이라고 생각했다. [여유당전서]에 이런 글이 실려 있다.

"오직 독서 이 한 가지 일이, 위로는 옛 성현을 좇아 함께할 수 있게 하고, 아래로는 백성을 길이 깨우칠 수 있게 하며, 신명(神明)에 통달하게 하고, 임금의 정사(政事)를 도울 수 있게 할 뿐 아니라, 인간으로 하여금 짐승과 벌레의 부류를 벗어나 저 광대한 우주를 지탱하게 만드니, 독서야말로 우리들의 본분이라 하겠다."

< [여유당전서], 박희병, [선인들의 공부법], 182 ~ 183쪽 >

지금 한국 사회는 책을 너무 읽지 않는다. 다산 선생이 본다면 참으로 통곡할 일이 아닐 수

없다. 이웃 나라 일본을 일으켜 세운 것은 국민의 독서 때문이었다고 필자는 생각한다. 한국인들은 학교 공부나 회사 일을 너무 열심히 하기 때문에, 몸과 마음이 늘 여유가 없고, 지쳐 있다. 그래서 책의 소중함을 깨닫지 못할 뿐만 아니라 독서의 재미조차도 느끼지 못 한 채 평생 살아가는 사람들이 적지 않다.

독서야말로 인간의 본분이라고 생각하는 다산 선생의 뜻을 한번 되새겨 볼 필요가 있다. 그리고 여기에서 좀 더 나아가서 책만 읽는 사람들 중에서도 자신의 성장과 발전은 고사하고 인생이 조금도 달라지거나 좋아지지 않은 사람들이 있다는 점도 역시 무시할 수 없는 사실일 것이다.

그렇다면 왜 다산 선생의 말처럼 독서가 인간의 본분이 될 정도로 중요한 것임에도 많은 사람들이 책을 읽어도 인생이 달라지지 않는 것일까?

이러한 질문에 대해 한 마디로 책을 잘못 읽었기 때문이다. 책을 제대로 읽지 않는 사람은 책을 아무리 많이 읽어도 전혀 읽지 않은 것과 매한가지이기 때문이다. 그렇다면 어떻게 읽어야 책을 제대로 읽는 것일까?

다산 선생은 '널리 고찰하고 자세히 연구하는 독서'를 해야 한다고 생각했다.

"나는 몇 년 전부터 독서에 대해 좀 알게 되었다. 책을 그냥 읽기만 한다면 하루에 천백번을 읽더라도 읽지 않은 것과 매한가지다. 무릇 책을 읽을 때는 한 글자라도 그 뜻을 분명히 알지 못하는 곳이 있으면 모름지기 널리 고찰하고 자세하게 연구하여 그 글자의 어원(語源)을 알아야 하며, 그런 다음 그 글자가 사용된 문장을 이 책 저 책에서 뽑는 작업을 날마다 해나가야 한다. 이와 같이 한다면 한 종류의 책을 읽을 때 아울러 백 가지의 책을 두루 보게 되며, 읽고 있는 책의 의미를 환하게 꿰뚫을 수 있다."

< [여유당전서], 박희병, [선인들의 공부법], 189쪽 >

그렇다면 다산 선생의 독서법에 대해 제대로 살펴보기로 하자.

– 독서에도 방법이 있다.

다산 선생의 놀라운 학문적 성취의 비결은 결국 훌륭한 독서 방법에 있다고 말한 적이 있다. 그런데 여기에 더 놀라운 방법은 다산 선생은 새해를 맞이했을 때마다 1년 동안의 공부 계획과 일정을 미리 정한 후, 어떤 책을 읽고, 어떤 책에서 가려 뽑아 적을 것인지 등과 같은 독서 계획을 미리 세워 놓고 독서를 하는 방법을 실천했던 인물이었다는 점이다.

그가 남긴 [다산시문집]에 보면 '두 아들에게 부침' 이라는 두 아들에게 보내는 편지 내용이 실려 있다.

" 새해가 되었구나. 사대부는 새해를 맞이하면 반드시 자신의 마음과 행동을 새롭게 하는 것을 중요하게 여긴다. 나는 어렸을 적 새해를 맞이할 때마다 반드시 1년 동안의 공부 계획과 일정을 미리 정했다.

예를 들자면 어떤 책을 읽을 것인가, 어떤 책에서 가려 뽑아 적을 것인가를 미리 계획한 다음 실천에 옮겼다. 간혹 몇 개월이 지난 후 뜻하지 않은 일이 발생해 애초 계획한 대로 실행하지 못한 경우도 있었지만, 선을 좋아하고 더 발전하고자 하는 뜻은 감출 수 없었다. “

< 정약용, [다산시문집], ‘두 아들에게 부침’ >

다산 선생은 독서에도 방법이 있다고 분명하게 말한다. 베이컨도 역시 책이 지닌 특성과 성격에 따라 독서하는 방법과 접근법을 달리 해야 한다고 다음과 같이 말한 적이 있따.

“어떤 책은 맛만 볼 것이고, 어떤 책은 통째로 삼켜버릴 것이며, 또 어떤 책은 씹어서 소화시켜야 하다.”

그리고 스티브 레빈도 역시 자신의 독서 기술론에 대한 책인 [지식을 경영하는 전략적 책읽기]란 책을 통해 다음과 같이 말한 적이 있다.

“처음부터 책 한 장 한 장을 공들여 읽는 것은 시간을 낭비하는 것이다. 만약 읽어야 할 책이 평생 단 한 권에 불과하다면 모든 시간을 그 한 권의 책에 걸어도 좋다. 두 권이면 두 권에, 세 권이면 세 권에 맞게 시간을 안배하면 된다. 하지만 우리가 평생 읽어야 할 책은 하루에도 주어진 시간보다 열 배나 많이 쏟아져 나오고 있다. 평생 죽어라 책만 읽어도 다 못 읽고 죽는다. 그런 까닭에 한 작품에 필요 이상으로 많은 시간을 쏟아붓는 건 어리석다.

다양한 책을 놓고 조금 빠른 속도로 읽어 나가다가 궁금하거나 호기심을 자극하는 내용이 있으면 속도를 줄이고 자세히 읽으면 된다. 처음 책을 집어 들었을 때는 그 책의 깊이가 얼마나 되는지, 넓이는 얼마인지, 농도와 밀도는 어떻게 되는지 알지 못 한다. 따라서 한 군데 지나치게 오래 머물러 있는 것은 좋지 못하다. 금세 지쳐서 다른 책을 붙잡는 데 방해가 되기 때문이다. 그보다는 일단 처음부터 끝까지 휙 둘러보고 나서, 한 권, 한 권 천천히 다시 음미해 보는 게 좋다. 그렇게 읽으면 다른 사람들이 간신히 한 권 집어 들고 독파하는 것보다 더 많이 읽으면서 필요한 것들을 더 많이 뽑아내게 된다.”

< 출처: 스티브 레빈, [지식을 경영하는 전략적 책읽기], 26~27쪽 >

그런데 서양의 인물들, 이 두 사람은 모두 책의 특성과 성격에 기준을 두거나 자기 자신의 궁금증이나 호기심을 자극하는 내용인지 아닌지에 따라서 읽는 속도와 방법을 달리 하라고 조언해 준다. 하지만 다산 선생은 독서법을 다르게 해야 할 기준이 완전하게 다르다.

다산 선생이 독서 방법에 차별을 두어야 한다고 제안하는 기준은 그 책이 세상에 보탬이 되는 책인지, 백성과 나라에 보탬이 되는 책인가 라는 것이다. 그는 실제로 독서 방법에 대해 이렇게 말한 적이 있다.

" 독서는 모두 방법이 있다. 세상에 보탬이 안 되는 책을 읽을 때는 구름 가고 물 흐르듯 해도 괜찮다. 하지만 백성과 나라에 보탬이 되는 책을 읽을 때는, 단락마다 이해하고 구절마다 깊이 따져 대낮 창가에서 졸음을 쫓는 방패막이로 삼아서는 안 된다." < 정민, [다산어록청상], 126쪽, '반곡 정공의 난중일기에 제함' 6-208 >

다산 선생은 책에 따라 대충 보아 넘겨도 되는 책이 있다고 한다. 그런 책은 세상이나 백성과 나라에 보탬이 되지 않는 책이다. 하지만 세상에 보탬이 되는 책은 절대로 구름 가고 물 흐르듯 대하면 안 된다고 말한다.

모든 책이 다 똑같은 가치를 가지고 있는 것은 아니라는 것이다. 하지만 그렇다고 해서 한 두 권의 위대한 양서에 매몰되지 말고 다양한 책들을 읽어야 한다고 주장한다.

밑줄을 긋고, 메모를 해가며 새겨읽어야 할 책들이 바로 세상과 나라와 백성에 보탬이 되는 책들이라는 것이다. 그리고 그가 제안하는 독서법 중 하나는 너무 한 권에 매몰되지 말라는 것이다. 즉 다양한 책들을 읽고, 수시로 메모를 하고 기록하는 독서법을 강조했다.

" 한 사람이 말을 만들어 유혹하기를, '통감' 한 부만 독파한다면 아이들이 반드시 문리를 얻는다고 한다. 아아! 진실로 이 한 부의 책을 읽는 노력으로 육경의 여러 책을 읽어서로 견주어 본다면 그 문리를 또 어찌 말로 다 할 수 있겠는가? 소를 탄 자가 온종일 채찍질을 해서 간신히 들판을 지나고는 흐뭇해하며 기뻐하기를 '길 가는 데는 소만 한 것이 없어!' 하는 격이다. 빠른 준마를 타거나 날랜 말을 멍에 지워 갔더라면 벌써 아득히 먼 창오나 현포에 이르렀을 것이니, 어찌 이다지도 어리석은

가?” < [통감절요에 대한 평], 9-150, 정민, [다산어록청상], 128쪽 참조 >

그는 [시경] [서경] [주역] [예기] [좌전] [국어] [한서] [사기] [논어] [맹자] [장자] [이소]를 다달이 바꿔 읽고 철마다 섞어 읽어야 한다고 말하기도 했다. 다양한 책을 읽으면서 그가 강조한 또 다른 하나의 독서법은 기록하고 메모하라는 것이다.

– 초서하고 기록하는 독서를 하라.

그렇게 읽을 때마다 깨달은 것을 그때그때 메모하여 기록해야만 실제로 자신의 것이 될 수 있고, 기억에 오래 남는 다는 것이다.

“ 옛날에는 서책이 많지 않아 독서는 외우는 것에 힘을 쏟았다. 지금은 사고의 서책이 집을 가득 채워 소가 땀을 흘릴 지경이니, 어찌 모두 읽을 수 있겠는가? 다만 [주역] [서경] [시경] [예기] [논어] [맹자] 등은 마땅히 숙독해야 한다. 그러나 강구하고 고찰하여 정밀한 뜻을 얻고, 떠오른 것을 그때그때 메모하여 기록해야만 실제로 소득이 있게 된다. 그저 소리 내서 읽기만 해서는 또한 아무 얻는 것이 없다.”
< [반산 정수철에게 주는 말, 7-297, 정민, [다산어록청상], 138쪽 >

다산 선생은 숙독해야 할 책들은 숙독해야 한다는 점을 강조하면서, 강구하고 고찰하여 깨

닫고 느낀 점들을 그때그때 메모하고 기록해야만 한다는 말한다. 그 이유는 그렇게 기록해야만 남는 것이 있다는 말이다.

필자는 다산 선생의 이러한 메모하고 기록하는 독서법에 절대적으로 찬성한다. 그 이유는 필자 역시 10년 이상을 다닌 직장을 그만두고, 독서를 할 때 체험한 독서 방법이기 때문이다.직장을 그만둔 평범한 두뇌의 평범한 중년이 책을 읽기 시작했을 때 처음에는 그 어떤 것도 기록하지도 메모하지도 않고 그저 눈으로 읽었는 데, 그 때는 아무리 힘들게 몇 주 동안 한 권의 책을 정독을 하더라도 책만 덮으면 아무것도 남는 것이 없음을 뼈저리게 느낀 적이 있기 때문이다.

아무리 읽어도 독서의 효과가 나타나지 않았던 것이다. 마치 밑 빠진 독에 물을 계속 붓는 그런 느낌이었다. 실제로도 그랬을 것이다. 그렇게 독서를 하다가 어느 날 노트를 구입하여 항상 독서를 할 때는 그때그때 깨닫게 된 것을 기록하고, 책의 내용 중에 좋은 내용과 문장을 기록하는 습관이 생기게 되었다.

이때부터 둔했던 필자도 역시 뭔가 쌓이고 축적이 되는 것과 같은 느낌을 느낄 수 있었고, 실제로 독서의 효과가 조금씩 나타나기 시작했던 것이다. 독서를 하는 사람들에게 꼭 권하고 싶은 것은 반드시 손을 움직이며 독서를 하라는 것이다.

다산 선생의 메모하고 기록하는 독서는 중국의 국부 마오쩌둥의 독특한 독서법과 매우 닮았다는 사실을 간과할 수 없다.

' 붓을 움직이지 않는 독서는 독서가 아니다.'

이러한 독서 방법과 모습은 세종대왕의 독서법인 '백독백습(百讀百習)' 과도 닮아 있다.

세종대왕이 어린 시절부터 습관이 된 독서법이 바로 이것이라고 할 수 있다. 아버지 태종이 주는 책이면 이렇게 읽으면서 썼다고 한다. 그래서 <사서삼경>을 비롯해서 어떤 책이든 밤을 새워 가며 읽고, 한 번 읽을 때마다 동시에 한 번을 쓰고 '바를 정' 자를 표시해 나갔다고 한다.

그런데 이것을 열 번도 아닌 백 번을 했다는 것이다. 그래서 세종대왕의 독서법은 '백 번 읽고 백 번 쓰는 독서법'인 '백독백습'인 것이다.

– 깊이 생각하는 독서를 하라.

다산 선생은 독서의 대가라고 해도 손색이 없을 정도로 많은 책을 읽고, 많은 책을 쓰신 학자이다. 그런 점에서 다산 선생이 몸소 실천한 독서법은 지금도 여전히 좋은 독서법이라는 생각이 든다.

다산 선생이 후손들에게 제안하는 그런 독서법은 크게 세 가지로 나눌 수 있을 것 같다. 그 중에서 세 번째가 바로 깊이 생각하여 사고력을 향상시키는 신사(愼思) 독서법이라고 할 수 있다.

신사(愼思) 독서법이란 책을 내용 위주로 암기하거나 이해만 하는 그런 지식 습득 위주의 독서법이 아니라 글을 읽을 때 깊이 생각하고 진심으로 삼가는 마음으로 책을 읽는다는 것을 의미한다.

이러한 신사(愼思) 독서법에 대해 다산 선생은 다음과 같이 말한 적이 있다.

" 책을 그냥 읽기만 하면 하루에 천백번을 읽어도 읽지 않은 것과 마찬가지이다. 무릇 책을 읽을 때에는 한 글자를 볼 때마다 그 명의(名義)를 분명하게 알지 못하는 곳이 있으면 모름지기 널리 고찰하고 자세히 연구해서 그 근본을 터득하고 그 글의 전체를 완전히 알 수 있어야 하니, 이렇게 하는 것을 계속하여야 한다. 그렇게 하면 한 종류의 책을 읽을 때에 아울러서 수백 가지의 책을 널리 상고하게 될 것이요. 본서(本書)의 의리에 대해 분명히 파악할 수 있으니, 이 점을 반드시 알아야 한다." < 이수광, [공부에 미친 16인의 조선 선비들], 174 ~175 쪽, >

또한 다산 선생은 독서할 때 깊은 사고를 통해 책의 내용을 명변(明辨)하여 책을 가려 뽑고 선별해야 한다는 것도 강조한다.

언제나 책을 읽을 때는 학문에 보탬이 될 만한 것이 있으면 뽑아 모아 선별하고, 그렇지 않은 것은 눈조차 붙이지 않아야 한다는 것이다. 그리고 그렇게 하기 위해서는 독서를 통한 깊은 사고력이 먼저 필요하다고 할 수 있다.

이렇게 깊은 사고와 분별력을 통해 선별하고 책을 읽고 뽑아서 기록하며 책에 따라 읽는 방법을 다르게 할 때 다산 선생은 백 권의 책이라도 열흘의 공부로 다 할 수 있다는 것을 강조했던 것이다.

" 언제나 책 한 권을 읽을 때에는 학문에 보탬이 될 만한 대목이 있으면 뽑아 모으고, 그렇지 않은 것은 눈을 붙이지 말아야 한다. 이렇게 한다면 비록 백 권의 책이라도 열흘의 공부면 충분할 것이다." < 이수광, [공부에 미친 16인의 조선 선비들], 178쪽 >

다산 선생이 지금까지 말한 것들을 중심으로 그의 독서법을 정리하면 이렇다.

1. 독서 계획을 세우고, 책에 따라 읽는 방법을 달리 하라.

2. 메모하고 기록하는 독서를 하라. 즉 손을 움직이는 독서를 하라. `

3. 깊이 생각하는 독서를 하라. 즉 뇌를 움직이는 독서를 하라.

" 선비가 독서(공부)를 하면 그 은택이 천하에 미치고, 그 공덕이 만세(萬世)에까지 전해진다."

– 연암 박지원

연암 박지원 _ 공부에는 왕도가 따로 없다.

" 학문하는 길에는 방법이 따로 없다."

" 선비가 하루 독서(공부)하지 않으면 면목이 곱지 못하고 언어가 곱지 못하고, 갈팡지팡 하여 몸을 의지할 데가 없어지고 두려워져 마음을 둘 데가 없어진다."

"독서를 하면서 써먹을 것을 구하는 것은 모두 사심에서 비롯된 것인데, 해 마칠 때까지 독서를 해도 학문에 진보가 없는 것은 사의(私意)가 그것을 해치기 때문이다." [연암집]의 <원사(原士)>

– 하루 공부하지 않으면 얼굴빛이 달라진다.

유명한 [열하일기]의 저자인 연암 박지원은 과연 어떤 선비였을까? 그리고 그는 어떤 공부를 했고, 공부에 대해 어떤 생각과 어떤 공부의 모습을 보여주었던 선비였을까?

그는 안의현감, 면천군수 등을 지내고, 양양부사로 승진도 하지만 곧바로 다음 해 벼슬에서 물러났던 그런 학자였다. 하지만 홍대용, 이덕무, 박제가, 유득공, 이서구 등과 평생 깊은 교

유를 맺으며 살았던 인물이었고, 무엇보다 그 시대의 잘못된 고정관념들을 타파하기 위해 노력했던 개혁가였고, 탁월한 작가라고 할 수 있다.

그의 중년 이후에는 세상의 구속을 벗어나 은거하는 삶의 모습, 세속에 초탈한 모습이 오히려 세상의 부귀영화보다는 공부 그 자체를 더 중요시 여겼던 선비라는 이미지를 강하게 느끼게 해 주는 듯하다.

그에게 있어서 공부란 무엇이며 그 자세와 모습은 어떠해야 하는 것일까? [연암집]의 <원사(原士)>를 통해 선비의 자세와 모습을 살펴볼 수 있다.

" 선비가 하루 독서(공부)하지 않으면 면목이 곱지 못하고 언어가 곱지 못하고, 갈팡지팡하여 몸을 의지할 데가 없어지고 두려워져 마음을 둘 데가 없어진다. 장기, 바둑, 음주가 애당

초 어찌 즐거울 수 있겠는가. 복장을 단정히 하고 불을 켜고 정숙하게 앉아 공경스럽게 책상을 대하고, 처음 대하는 책을 볼 때는 묵묵하고 깊이 있게 완미하라. 몇 줄 안 되는 짧은 구절은 한꺼번에 묶어서 보고, 깊이 자구(字句)의 뜻을 연구하고, 풀이한 것을 자세히 살필 것이며, 같은 점과 다른 점을 분별하여 음과 뜻을 밝히고, 마음을 평안히 하고 생각을 부드럽게 해서 천착하거나 비약하지 말아야 한다. 또한 잘 모르는 대목이 있거든 반복해서 볼 것이지 그냥 넘어가서는 안 된다."

< [연암집]의 <원사(原士) >

연암 박지원의 공부의 세계를 알기 위해서는 가장 먼저 그의 삶을 간단하게 알아야 할 것 같다. 그는 우리가 알고 있는 평범한 조선시대의 선비가 아니었다. 다시 말해 우리 시대에나 있을 법한 베스트셀러 작가와 같은 삶을 살았던 독특한 삶을 살았던 선비이기 때문이다.

– 조선 최고의 베스트셀러 작가

한 마디로 그는 조선 최고의 베스트셀러 작가라고 할 수 있다. 다산 선생이 실학을 학문으로 집대성한 것으로 평가하자면, 그는 실학으로 조선의 문학을 새롭게 창조해 낸 혁신가였던 것이다. 그리고 그러한 혁신적인 글쓰기가 가능했던 이유 중에 하나는 그가 있는 그대로의 현실을 직시할 수 있었던 현실주의자였기 때문이라고 필자는 생각한다.

“ 그는 또한 글쓰기의 방식을 혁신함으로써 선입견과 편견, 진부한 언어와 상투적 사고를 넘어서서 있는 그대로의 현실, 사물의 있는 그대로의 모습을 직시하고자 하였다. 이 점에서 그는 그 누구보다도 언어에 대한 깊은 성찰을 보여준다. 요컨대 언어를 쇄신함으로써 언어와 사물 사이의 거리를 좁혀야 한다는 것이 그가 도달한 생각의 골자다. 그는 사물 그 자체야말로 가장 참신한 언어라고 생각하였다. 그러므로 언어는 끊임없이 사물에 수렴해가고, 사물을 통해 자신을 쇄신하지 않으면 안 된다고 보았다. 이러한 언어 의식은 그의 현실주의적 사고와 깊은 연관을 맺고 있다.” < 박희병, [선인들의 공부법], 168쪽 >

그의 삶의 단면을 잘 알 수 있는 대목을 [조선의 글쟁이들]이라는 책을 통해 쉽게 알 수 있었다.

“ 실제, 연암은 과거에 연연하지 않았다. 과거에 낙방한 후 아예 과거를 접고 글쓰기에 몰두하기도 했다. 당연히 입신에도 관심이 없었다. 그는 1755년 19세 때부터 글쓰기에 두각을 보이기 시작했다. 그가 처음으로 과거에 응시한 때가 29세였으므로, 이미 그 이전에 <마장전> <광문자전> <예덕선생전> < 민옹전> <양반전> <김신선전> <우상전> 과 원문이 전하지 않는 < 봉학사대전> <역학대도전>을 포함한 구전(九傳)의 작품을 썼다.” <

문효, [조선의 글쟁이들], 17 ~ 18쪽 >

그가 남긴 <열하일기>와 그의 소설들은 양반을 풍자하고 기존 체제를 부정하는 그의 사상과 철학이 담겨 있다고 할 수 있다.

" 김종직이 선비는 잡학을 배우서는 안 된다고 주장한 이래 유학을 오히려 잡학이라고 폄하한 인물은 정약용이 처음이었다. 박지원은 노론의 가문이면서도 정조대에 님인들에 의해 들불처럼 일어난 실학운동을 전개하여 많은 관심을 끌었다. 그가 남긴 [열하일기]는 단순한 기행문이 아니라 그의 사상과 철학을 담고 있다. 당대 명문가의 적자이면서도 서자들인 이덕무, 박제가, 유득공 등과 평생 지기처럼 지내면서 북학에 많은 관심을 기울였다. 그가 남긴 소설들은 양반을 노골적으로 풍자하는 등 기존 체제를 부정하고 변혁해야 한다는 입장을 취했다."
< 이수광, [공부에 미친 16인의 조선 선비들], 207 ~ 209쪽 >

이러한 그의 글쓰기에는 결국 그가 생각했던 공부의 요체, 즉 실학에 대한 정신이 담겨 있었다고 할 수 있다. 즉 그가 생각했던 참 된 공부는 바로 실용이었던 것이다.

– 그의 공부와 글쓰기의 핵심은 '법고창신' 이다.

연암 선생의 공부와 글쓰기의 핵심 원리는 동일하다. 바로 '옛 것을 배워 새 것을 창조하는 것' 이다. 21세기는 창조의 시대이다. 그런데 조선 시대에 벌써 연암 선생은 창조의 대가였던 것이다.

그것도 공부를 통해 실학을 강조한 것에 머물지 않고, 창조적 글쓰기를 통해 새로운 사상과 혁신을 창조하고 개발해 내었던 인물이다. 이런 점에서 연암의 공부은 이 시대 사람들이 배워야 할 공부가 아닐까라는 생각을 하게 된다.

" 그는 또한 글쓰기의 핵심적 원리로서 '법고창신(法古創新)' , 즉 옛것을 배워 새 것을 창조한다는 명제를 제기하였다. 이 명제는 학문에도 그대로 적용된다. " < 박희병, [선인들의 공부법], 169쪽 >

그래서 연암 선생은 옛 것을 본받으려고만 하면 그것의 틀 속에 갇히게 되고, 새것을 창조만 하려는 자는 그 어떤 원칙이 없게 되는 것을 걱정했다. 그 결과 옛 것을 본받되 그것을 변형하여 새 것을 만들어 나갈 수 있어야 한다고 말한다. 오늘날의 글이 옛날의 글과 다른 이유가 새 것을 만들어내는 자들에게는 옛 것을 배우고 본받으려고 하지 않기 때문에 법도가 없기 때문이라는 것이다.

" 옛 것을 본받으려는 자는 옛날의 자취에 구애되는 병폐가 있고, 새 것을 만들어내는 자는 법도가 없는 것이 폐단이다. 진실로 옛 것을 본받되 변통할 줄 알고 새 것을 만들어내되 법도가 있다면, 오늘날의 글이 옛날의 글과 같을 수 있으리라." < 박희병, [선인들의 공부법], 169쪽 >

조선 시대의 선비들의 한 가지 병폐라고 한다

면, 과거 중국의 학문을 그대로 배우고 그것의 틀 속에 자신을 가두어버렸다는 것이라고 필자는 생각한다. 그 결과 배운 것을 실생활에 이용하려고 하지 않고, 그저 지식적인 공부와 깨우침에 만족하며 살았다는 것이다. 그래서 이러한 병폐를 개선하기 위해 실학이 나온 것이다.

연암 선생은 글쓰기와 공부를 통해 이러한 병폐를 개혁했던 개혁가였던 것이다. 그의 글쓰기가 과거의 방법에서 큰 차이점을 보이는 것도 또한 그의 개혁 의지의 표현일지도 모른다. 그가 공부의 중요성은 그것의 실용에 있다고 주장한 것도 이와 같은 맥락에서 이해할 수 있을 것이다.

- 글쓰기는 오직 진실해야 한다.

연암 박지원에게 있어서 글쓰기는 공부의 한 과정이며, 공부 그 자체였다고 할 수 있다. 그렇다면 그의 글쓰기는 과연 어떤 의미가 있는 것이며, 그가 생각하는 글쓰기의 본질은 무엇이었을 까? 그에게 있어서, 글쓰기는 과연 무엇과 닮아야 하며, 무엇이 가장 중요한 것일까?

이러한 질문에 대해 잘 알 수 있는 글이 바로 <연암집>에 실려있는 [공작관문고 자서(孔雀館文稿 自序)]의 글이다. 이 글을 보면 박지원이 생각한 글쓰기란 한 마디로 세련되게 꾸미고 정제하는 것이 아니라 자기의 생각을 있는 그대로 표현해 내어야 하고 진실되어야 한다는 것을 가장 중요하게 생각했음을 알 수 있다.

“ 글이란 생각을 있는 그대로 표현해 내면 그만일 뿐이다. 제목을 놓고 붓을 잡고는 문득 옛 사람이 쓴 어구를 생각해내고 억지로 고전의 지취(旨趣:오묘한 뜻)를 찾아내며, 생각을 근엄하게 꾸미고 글자마다 장중하게 만들려고 애쓴다는 것은, 비유하자면 화공을 불러 초상화를 그릴 적에 용모가 고쳐져 나오는 것과 같다.

눈동자는 구르지 않고 옷도 주름살이 잡히지 않아서 그 평상시의 모습을 상실하고 보니 아무리 훌륭한 화가라 하더라도 그 참모습을 그려낼 수는 없는 것이다. 글을 짓는 것 또한 이와 무엇이 다르랴. 말은 꼭 거창한 것만 골라 해야 맛이 아니다. 한 푼(分), 한 호(毫), 한 리(釐)만한 것도 다 말할 만한 것이다. 기와 조각 따위 같은 것이라고 해서 버릴 것인가?

그래서 도올(전설 속의 괴수로 악인을 가리킴)은 몹쓸 짐승이지만 초(楚)나라 역사는 그 이름을 가져다 썼고, 사마천이나 반고 같은 역사가도 사람을 때려 죽이는 일을 예사로 하는 흉악한 도적의 사적을 서술했던 것이다. 글을 쓰는 데에는 오직 진실해야 하는 것이다. "

< <연암집>, [공작관문고 자서(孔雀館文稿 自序)], 정병헌 외 [우리 선비들은 왜 노래

하고 글을 썼을까], 86 ~ 87쪽 >

한 마디로 글이란 잘 쓰고 못 쓰고의 문제가 아니라 진실한 것인지 아닌지가 가장 큰 문제라는 것이다. 그래서 글쓰기란 진실하여야 하기 때문에 글을 거짓으로 아니면 인위적으로 너무 많이 꾸미고 세련되게 하려다 보면 자신의 생각을 제대로 드러내기 어렵게 되거나 너무 추상적이고 어렵게 되는 것을 경계했다.

그의 글을 통해 필자가 내린 그의 글쓰기는 한 마디로 진심, 진실, 꾸밈이 없는 것이었다.

– 공부의 중요성은 그것의 실용에 있다.

공부한다고 해도 그것이 실제로 이용되거나 도움을 주지 못한다면 그것은 학문이 아니라고 강조했다. 그래서 그가 실학자인 것이다.

“ 글을 읽고서 실용을 모를진대 그것은 학문이 아니다. 학문이 귀한 것은 그의 실용에 있으니, 부질없이 인간의 본성이니, 운명이니 하고 떠들어 대고 이(理)와 기(氣)를 가지고 승강질하면서 제 고집만 부리는 것은 학문에 유해롭다.” < 문효, [조선의 글쟁이들], 26 ~ 27쪽 >

연안 박지원 선생은 도를 추구하며 이상 정치를 실현하려는 것을 궁극적인 목표로 삼는 성리학에서 벗어나 실용을 강조했던 학자이다. 그래서 그는 정약용 선생처럼 실학자라고 할 수 있다. 하지만 북학에 영향을 받아 북학파라고도 불린다는 점에서 정약용 선생과 차이를 두고 있다.

" 조선의 실학은 치세의 근본이라고 믿는 성리학을 정면으로 부정하는 것이었다. 이들의 영향을 받아서 등장한 인물이 이가환, 정약용이고, 연암 박지원은 한 걸음 더 나아가 북학에 영향을 받아 북학파라고 불린다. 정약용은 성리학을 잡학이라고 부르기도 했다. 실학자나 북학파들은 박학(博學)을 중요하게 생각했으나, 조선의 성리학자들은 이를 중요하지 않게 보았고 도학에 더욱 관심을 기울였다." < 이수광, [공부에 미친 16인의 조선 선비들], 207쪽 >

이 말처럼 연암 박지원 선생은 북학이라는 새로운 분야를 개척하고 일으켰던 것이다. 그래서 연암은 '북학파' 로 일컬어진다. '북학 '이란 북쪽을 배우자는 것을 의미한다.

이 당시의 북쪽은 오랑캐인 만주족이 세운 나라인 청을 의미한다. 그래서 오랑캐라도 배울 것이 있으면 배워서 우리도 부강한 나라가 되자는 것이 연암의 지론이었던 것이다.

그가 박제가가 지은 <북학의>의 서에서 이렇게 말한 적도 있다는 것을 통해 이러한 사실을 잘 알 수 있다.

" 장차 학문을 하려고 하면 중국을 배우지 않고 어떻게 할 것인가? 그러나 사람들은 말하기를 '지금 중국을 지배하는 자들은 오랑캐이니 그것을 배우기가 부끄럽다.' 라 하면서 중국의 옛 제도까지 아울러 더럽게 여긴다. (...) 법이 좋고 제도가 아름다우면 아무리 오랑캐라 할지라도 떳떳하게 스승으로 삼아야 한다. 하물며 그 규모의 크고 넓음과 마음가짐의 정하고 치밀함과 모든 제작의 크고 원대한 것과 문장의 빛남이 아직도 삼대 이래로 한,당,송, 명의 옛 법이 남아 있음에랴." < [북학의], 序, 송재소 외, [박지원, 박제가, 새로운 길을 찾다], 7쪽 >

바로 이런 사상에서 이용후생학이 나오게 되었던 것이다. 그가 생각하는 공부란 모름지기 이용후생(利用厚生)인 것이었다. 이런 사실에 대해 잘 정리해 놓은 글을 살펴보자.

“ 그는 학문이란 모름지기 이용후생(利用厚生), 즉 백성의 생활도구를 편리하게 하여 그 삶을 윤택하게 하는 데 목적이 있다고 생각하였다. 선비의 직분은 바로 이 이용후생의 학문을 수행하여 백성들에게 이바지하는 것이라고 보았다. 이는 선비의 직분에 대한 양심적 각성에 다름아니다.” < 박희병, [선인들의 공부법], 168쪽 >

– <허생전>으로 국가 경제의 취약성을 고발하다.

연암 박지원은 다른 선비들이 오랑캐라고 업신여기고 있던 청나라가 더 이상 그렇게 업신여겨야 할 만한 그런 미개한 나라가 아니라는 사실을 발견했다. 즉 청나라의 문물이 오랑캐의 문물이 아니라 문명의 나라라는 것을 발견하고, 그것을 배워야 한다는 것을 직시했던 것이다.

그가 청나라의 조그마한 마을인 책문(柵門)이라는 곳에 도착했을 때 받은 느낌을 기록한 글을 보면 이러한 사실을 잘 알 수 있다.

" 물건들의 배치를 두루 살펴보니 모든 것이 단정하고 바르게 정돈되어 있어서 한 가지도 구차하게 미봉하는 법이 없고, 한 물건도 난잡하게 버려둔 것이 없다. 비록 소 외양간, 돼지우리까지도 거칠지 않고 법도가 있으며 나무더미나 똥더미까지도 정갈하여 마치 그림과 같았다."

< [연암집] 중에서, 송재소 외, [박지원, 박제가, 새로운 길을 찾다], 10쪽 >

다시 말해, 청나라는 냄새나는 미개인들의 오랑캐의 나라가 아니라 향기로운 냄새가 나는 ‘문명의 숲’ 이었던 것이다. 그것을 빨리 배우고 나라를 부강시키고 백성을 잘살게 해야 한다는 것이 그의 주장이었다. 그의 주장을 좀 더 살펴보자.

“ 아! 이러한 연후에야 비로소 쓰임을 이롭게 한다고 말할 수 있겠다. 쓰임을 이롭게 한 연후에 삶을 넉넉하게 할 수 있고, 삶을 넉넉하게 한 후에야 덕을 바르게 할 수 있을 것이다. 쓰임을 이롭게 하지 못하고서 삶을 넉넉하게 하기는 어려운 것이나, 삶이 넉넉하지 못하고서야 어찌 덕을 바르게 할 수 있겠는가!”

< [연암집] 중에서, 송재소 외, [박지원, 박제가, 새로운 길을 찾다], 11쪽 >

연암 박지원의 이러한 사상이 표출된 다른 경로 중에 하나가 바로 소설이었다. 그는 <허생전>을 통해 수레를 사용하지 않음으로 인한 국가 경제의 취약성을 지적하기도 했다.

<허생전>에 보면 허생이 변씨로부터 빌린 돈으로 나라 안의 물건들을 매점해서 되파는 장사로 거금을 모으는데, 그 비결이 바로 수레가 나라 안에 다니질 못하기 때문에 한 물건을 독점하여 되팔면 큰 이익을 얻을 수 있다는 점을 이용했던 것이다.

" 5년 동안에 어떻게 만 냥으로 백만 냥의 돈을 벌었느냐?"

" 그야 가장 알기 쉬운 일이지요. 조선이란 나라는 배가 외국에 통하질 않고, 수레가 나라 안에 다니질 못해서 온갖 물화가 제자리에 나서 제자리에서 사라지지요. (...) 대개 만 냥을 가지면 족히 한 가지 물종을 독점할 수 있는 고로 수레면 수레 전부, 배면 배를 전부, 한 고을이면 한 고을을 전부 마치 총총한 그물로 훑어내듯 할 수 있지요. 뭍에서 나는 만 가지 중에 슬그머니 하나를 독점하고, 의원의 만 가지 약재 중에 슬그머니 하나를 독점하면, 한 가지 물종이 한 곳에 묶여있는 동안 모든 장사치들이 고갈됩니다."

< [허생전] 중에서, 송재소 외, [박지원, 박제가, 새로운 길을 찾다], 15쪽 >

여기에 보면, 허생의 말을 통해 조선의 유통구조의 취약성을 질타했다. ' 배가 외국에 통하질 않고, 수레가 나라 안에 다니질 못해 온갖 물화가 제자리에 나서 제자리에서 사라지는' 그런 유통 구조의 취약성을 이용해 돈을 번 사람이 바로 자신이라는 것을 밝혔기 때문이다.

그리고 여기에 그치는 것이 아니라 허생은 자신의 상술을 밝힌 후에 '이것은 백성을 해치는 길이 될 것' 이고, '후세에 당국자들이 만약 나의 이 방법을 쓴다면 반드시 나라를 병들게 만들 것' 이라고 경고하기도 했다.

즉 허생이 아니더라도 누구라도 쉽게 돈 몇 푼으로 나라 경제를 마비시킬수 있을 정도로 허약한 유통구조를 가진 조선의 경제 구조를 시급히 개선해야 한다는 것이다.

– 은택이 천하에 미치는 공부를 하라.

연암 선생은 선비의 공부에 대해서 매우 의미심장한 말을 남겼다.

" 선비가 독서(공부)를 하면 그 은택이 천하에 미치고, 그 공덕이 만세(萬世)에까지 전해진다." < [연암집] 중에서, 박희병, [선인들의 공부법], 177쪽 >

필자는 이 말을 다른 각도에서 이렇게 해석하고 싶다. 선비가 공부를 하는 것은 결국 그 은택이 천하에 미칠 수 있게 하기 위해 공부를 해야 한다고 말이다.

" 독서를 하면서 써먹을 것을 구하는 것은 모두 사심에서 비롯된 것인데, 해 마칠 때까지 독서를 해도 학문에 진보가 없는 것은 사의(私意)가 그것을 해치기 때문이다."

[연암집]의 <원사(原士)>에 나오는 이 말을 얼핏 보면 오해의 소지가 있다. 하지만 자세히 보면 선비가 독서를 하는 것은 자기 자신의 이익을 위해서 하기 보다는 온 천하에 은택이 미치도록 해야 한다는 의미와 일맥 상통하다고 필자는 생각한다.

현대인들은 독서를 해도, 재테크를 위해서 하거나, 성공과 출세를 위해서 자기 자신의 경쟁력을 높이기 위해서 많이 한다. 하지만 연암 선생은 자기 자신의 이익을 위한 공부보다는 천하에 은택이 미치고 공덕이 만세에까지 전해지는 공부를 하라고 말한다.

그런데 은택이 천하에 미치는 공부를 하기 위해서는 어떻게 해야 할 까? 이러한 질문에 대해 어느 정도 해답이 될 만한 이야기를 연암 선생은 한 적이 있다. 그것은 자기 자신을 잊어야 무엇을 하더라도 경지에 이를 수 있다는 말이었다.

공부 역시 자기 자신을 잊고 공부에 매진할 때 결국 일가를 이루고, 그 은택이 천하에 미치게 되는 것이라고 필자는 생각한다. [연암집]에 보면, 연암 선생이 말하는 자기 자신을 잊고 무엇인가를 몰두하는 사람들의 이야기가 나온다.

" 비록 조그만 기예라 할지라도 자기 자신을 잊은 후에라야 경지에 이를 수 있거늘, 큰 도야 말해 무엇하겠는가. 최홍효(세종 때의 문신)는 온 나라에서 알아주는 명필이었다. 그가 과거를 보러 갔을 적 이야기다. 답안을 작성하던 중 마침 한 글자가 왕희지(중국의 서예가)의 필체와 같게 되자 그는 하루 종일 그 글자를 들여다보고 앉았다가 차마 답안지를 바치지 못해 품에 품고 돌아왔다. 최홍효는 가히 이익과 손해 따위는 마음에 두지 않았다 할 만하다.

이징(인조 때의 화가)이 어렸을 때 누대에 올라 그림 공부를 하고 있었는데 집에서는 그를 찾아 야단이었다. 3일 만에 찾게 되자 그 부친은 화가 나서 회초리로 때렸는데 이징은 울면서 떨어지는 눈물로 새를 그리고 있었다. 이징은 참으로 그림 그리는 데에 있어 영욕을 잊었다 할 만하다.

학산수는 일국의 명창이었다. 산 속에 들어가 노래를 공부할 적에 한 곡조를 부르면 신발에다 모래 한 알씩을 던져 넣어 신발에 모래가 꽉 차야 집으로 돌아오곤 하였다. 한번은 산에서 도적을 만났는데 도적들이 그를 죽이려 하자 불어오는 바람을 향해 노래를 불렀는데 도적들은 그 노래에 마음이 움직여 울지 않는 자가 없었다. 학산수는 이른바 생사를 마음에 두지 않았던 사람이라 할 만하다. " < [연암집] 중에서, 박희병, [선인들의 공부법], 172쪽 >

무엇을 하더라도, 생사를 마음에 두지 않고, 영욕을 잊을 수 있고, 이익과 손해 따위를 마음에 두지 않게 되면, 일가를 이루고 대가가 될 수 있다고 필자는 생각한다. 공부를 하는 사람이라면 또한 이익과 손해 따위를 너무 마음에 두지 말아야 할 것이다. 그것이 은택이 천하에 미치게 하는 공부를 하는 길이기 때문이다.

– 공부에는 왕도가 없다.

연암 박지원 선생은 공부에는 왕도가 없다고 말한다. 그래서 자신보다 못 한 사람한테라도 모르는 것이 있으면 물어봐야 한다고 말한다. 심지어 모르는 게 있으면 길 가는 사람을 붙들고라도 물어야 한다는 것이다.

“ 학문을 하는 방법은 다른 게 없다. 모르는 게 있으면 길 가는 사람을 붙들고라도 물어야 옳다. 하인이라 할지라도 나보다 한 글자를 더 안다면 그에게 배워야 한다. 자기가 남보다 못 한 것은 부끄러워하면서도 자기보다 나은 사람에게 묻지 않는다면, 평생 고루하고 무식한 데서 벗어나지 못할 것이다.” < [연암집] 중에서, 박희병, [선인들의 공부법], 171쪽 >

그의 말처럼 공부에는 왕도가 없다. 하지만 연암 선생조차도 경계하는 공부는 있었다. 바로 수박을 겉핥기 하는 식으로 공부를 하는 것이다.

“ 수박을 겉만 핥거나 후추를 통째로 삼키는 자와는 맛에 대해 논할 수 없으며, 이웃집 사람의 겨울 가죽옷을 선망하여 한여름에 빌려 입고 다니는 자와는 시절에 대해 논할 수 없다.”

< [연암집] 중에서, 박희병, [선인들의 공부법], 171쪽 >

연암 선생은 또한 세상의 책이 비록 많지만, 그 내용은 저마다 다 다르다고 말한다. 그래서 많은 책을 읽어서 식견을 넓혀야 할 필요가 있다. 보고 들은 것이 적으면 결국 자신의 식견 안에 갇혀 살게 되고, 그로 인해 자신의 식견을 벗어나는 것들에 대해서는 다 부정하게 되는 병폐가 생길 수 있음을 경고했다.

“ 하늘과 땅이 아무리 오래 되었다 하지만 끊임없이 새로운 법이며, 해와 달이 아무리 오래 되었다 하지만 그 빛은 날로 새롭다. 그리고 세상의 책이 비록 많다고 하나 그 내용은 저마다 다르다." < [연암집] 중에서, 박희병, [선인들의 공부법], 170쪽 >

이렇게 하늘과 땅도 날마다 새로워지고, 해와 달의 빛도 날로 새로운 것이 되고, 세상의 책이 비록 많다고는 하지만 그 내용은 저마다 다 다르기 때문에 책을 읽는 것을 소홀히 해서는 안 된다는 것이 연암 선생의 지론일 것이다.

– 식견이 좁은 자는 모든 것을 부정한다.

연암 선생은 청나라에 가서 선진문명을 직접 눈으로 보고 배웠던 학자였다. 하지만 조선에만 머물었던 학자들 중에는 자신이 보고 배운 것이 적어서 자신이 한 번도 들은 적이 없는 것에 대해서는 의심부터 하고, 부정하고자 하는 사람들이 적지 않았을 것이다. 이런 사람들에 대해 연암은 이렇게 말하기도 했다.

“ 이치를 깨달은 선비에게는 괴이하게 여겨지는 게 없지만, 속인에게는 의심스러운 것이 많다. 이른바 ‘ 본 것이 적으면 괴이하게 여겨지는 것이 많다.’ 라는 말은 이를 두고 한 말이다.

본 것이 적은 자는, 자기가 백로만 보았을 경우 자기가 처음 보는 까마귀를 비웃으며, 자기가 오리만 보았을 경우, 자기가 처음 보는 학의 자태를 위태롭게 여긴다. 사물 스스로는 아무런 괴이함이 없건만 자기 혼자 화를 내며, 하나라도 자기가 본 것과 다른 사물이 있으면 만물을 다 부정한다. “ < [연암집] 중에서, 박희병, [선인들의 공부법], 170쪽 >

우리가 많은 책을 읽고, 공부를 폭 넓게 해야 하는 이유 중에 하나가 바로 이것이다. 자신의 좁은 식견을 넓혀야 하는 것이다. 그렇지 않으면 자신의 좁은 경험과 식견에 갇혀서 다른 사람들과 세상을 부정하게 되는 실수를 범하게 된다.

필자가 모 일간지에 인터뷰를 한 적이 있다. 그래서 그 기사가 실렸는데, 기사 내용에 경악하는 사람들이 적지 않았다. 왜냐하면 ‘1년 동안 책을 18종 출간하고, 1년 동안 40종의 계약했고, 일주일 만에 한 권의 책도 쓸 수 있는 남자’ 라는 식으로 기사가 나갔기 때문이다. 물론 이 기사는 거짓말이 아니다. 현실 세계에서 충분히 가능한 일이다.

그런데 어떤 사람들은 경이로운 성과에 감탄을 하지만, 어떤 사람들은 '이게 정말 가능한 일인가?' 라고 의심을 한다. 이렇게 의심을 하는 사람들은 연암 선생이 청나라에 가서 새로운 선진문명을 배우고 와서 전파할 때, 의심을 했던 사람들과 마찬가지로 자신이 경험이 적고 자신이 우물 안 개구리에 불과한 사람이라는 것을 만천하에 공개해 버리는 것과 다를 바 없다는 것이다.

일본에는 일주일에 책을 한 권씩 출간하는 작가도 있다. 그래서 지금 900권 정도의 책을 출간한 작가가 존재한다. 그런 사람에 비하면 필자는 아무것도 아니다. 그런데도 필자가 1년에 18종의 책을 출간했다는 사실을 의심하는 사람들이 있다.

'만 권의 책을 읽고, 만 리를 다니면서 여행을 해야 세상의 일을 알 수 있다' 라는 말이 있는 이유가 바로 여기에 있다. 공부를 해야 하는 이

유도 바로 여기에 있다. 자신의 식견을 넓혀야 세상을 바로 볼 수 있기 때문일 것이다.

“ 옥도 다듬지 않을 수 없고, 재목도 깎지 않을 수 없으며, 사람도 배우지 않을 수 없는 것이다. 사람으로서 배울 줄 모른다면 지혜롭다고 할 수 없다’ – 담헌 홍대용

담헌 홍대용 _ 배우고 닦지 않으면 발전이 없다.

" '안자(晏子)와 맹자의 자질도 배우고 닦지 않으면 범부, 천졸에서 벗어나지 않을 것이다."

" 사람으로서 배울 줄 모른다면 지혜롭다고 할 수 있겠으며, 알면서도 행하지 못한다면 의롭다 할 수 있겠으며, 할 줄 알면서도 힘껏 하지 않는다면 용기가 있다고 할 수 있겠는가? "

" 요즘 공부하는 이들은 입만 열면 성선(性善)을 말하고 말만 하면 반드시 정자와 주자를 일컫지만, 똑똑한 사람은 훈고訓詁에 빠지고, 어리석은 사람은 명예와 이욕에 골몰한다."

– 사람도 배우지 않을 수 없는 것이다.

담헌 홍대용은 북학파의 주자였다. 하지만 그는 개혁가의 면모를 보여 준 행동파 학자이기도 했다. 그는 균전제, 부병제를 토대로 경제 정책의 개혁과 과거제도 폐지, 공거제(貢擧制)
실시, 신분 차별 없이 8세 이상의 모든 아동의 의무 교육 등을 개혁과 실시를 제창한 인물이기 때문이다.

이러한 담헌 홍대용에게 공부란 어떤 의미였을까? 그리고 공부하는 그의 자세는 어떤 모습이었을까? 조선 시대의 선비들은 과연 무엇을 위해 공부에 목숨을 걸었던 것일까?

다행히 담헌 홍대용은 공부에 대해 많은 이야기를 남긴 인물이다. 그가 친구의 이른 죽음을 애도하며 쓴 글에 보면 그의 공부에 대한 생각이 오롯이 담겨 있음을 알 수 있다.

" 아아, 곤륜산의 옥도 갈고 다듬지 않으면 기와 조각과 같고, 예장(豫章)의 좋은 재목도 깎고 다듬지 않으면 가시나무와 같다. 안자(晏子)와 맹자의 자질도 배우고 닦지 않으면 범부, 천졸(賤卒)에서 벗어나지 않을 것이다. 그러므로 옥도 다듬지 않을 수 없고, 재목도 깎지 않을 수 없으며, 사람도 배우지 않을 수 없는 것이다.

사람으로서 배울 줄 모른다면 지혜롭다고 할 수 있겠으며, 알면서도 행하지 못한다면 의롭다 할 수 있겠으며, 할 줄 알면서도 힘껏 하지 않는

다면 용기가 있다고 할 수 있겠는가? " < 김건우, [옛사람 59인의 공부 산책], 140쪽 >

담헌 홍대용에게 있어서 공부는 자신을 갈고 다듬는 가장 좋은 도구였던 것이다. 옥이 옥의 가치를 다하고 재목도 재목의 가치를 다 하기 위해 다듬고 깎아야 하듯, 사람도 사람의 가치와 구실을 다하기 위해서는 결국 공부라는 것이다.

그래서 그의 공부 방법은 규율이 있고 엄격할 수밖에 없는 것이다. 그의 '자경설(自警說)'에 보면 공부하는 자세에 대한 내용이 나온다.

" 정숙하게 앉는 것은 공부할 때 가장 중요한 것이다. 반드시 옷을 깨끗이 입고 자세를 엄숙히 한 다음 눈을 감고 선가(禪家)에서 눈감는 것을 가장 꺼려하는 것은 아마 정신이 혼미해지면 졸음이 올까 염려를 한 모양인데, 또한 의미가 있는 듯하다. 코끝을 내려다 보면서 망령

스럽게 움직이지 않는 것도 좋은 방법이다. 두 손을 모으고 사당에 있을 때처럼, 엄한 아버지를 대할 때처럼 한다면 고요하되 마음이 혼미하지 않을 것이다. 마음이 움직일 때에는 그 생각이 어떠한가를 살펴서 알맞지 않으면 막아 버리고, 알맞으면 따라 행하되 그 도를 이미 다했다면 예전처럼 고요할 것이다." < 김건우, [옛사람 59인의 공부 산책], 141쪽 >

이처럼 담헌 홍대용 선생은 스스로 깨우치는 말인 자경설(自警設)을 지어 자신을 경계하면서 공부에 전념했던 인물이었다.

– 구구단을 조선에 소개한 학자

담헌 선생은 연경에서 중국인 학자들과 만나서 밤을 새우면서 토론하고, 중국과 서양의 과학과 풍속을 배우고 공부했다.

그래서 그는 조선에 돌아오자마자 [주해수용(籌解需用)]이라는 수학책을 집필했다. 그런데 이 수학책을 보면 놀라지 않을 수 없다. 그것은 담헌 홍대용 선생이 이 때 집필한 수학책이 오늘 날의 수학책과 별반 다르지 않기 때문이다.

이 책에는 현대의 구구단과 조금도 다르지 않는 구구단이 소개되어 있고, 단순히 나열만 하는 것이 아니라 그것을 응용하여 현대의 수학 문제처럼 질문하고 대답하는 그런 문답법도 소개되어 있다는 것이다.

이 뿐만 아니라 이 책에는 원주율을 구하는 방식까지 소개 되어 있다. 한 마디로 오늘날의 수학책이라고 해도 전혀 손색이 없을 정도로 수학 전반에 걸친 내용들이 소개되어 있는 책이었던 것이다.

" 9x9=81, 8x9=72, 7x9=63, 6x9=54, 5x9=45, 4x9=36, 3x9=27,2x9=18, 1x9=9

九九八十一. 八九七十二. 七九六十三. 六九五十四. 五九四十五. 四九三十六. 三九二十七. 二九十八. 一九九.

홍대용이 기록한 구구수(九九數)를 살피면, 오늘날의 구구단과 조금도 다르지 않다. 다만 아라비아 숫자로 표기되지 않았을 뿐이다. 홍대용은 구구단을 나열만 하지 않고 응용하는 방법까지 예시했다. " < 이수광, [공부에 미친 16인의 조선 선비들], 194쪽 >

이처럼 그가 집필한 수학책을 보면, 오늘날 구구단을 공부할 때 쉽게 접할 수 있는 그런 식으로 쉽게 나열되어 있다는 점에서 놀라움을 금할 수 없을 것이다.

이것뿐만이 아니라 더 놀라운 점은 현대 수학책처럼 응용을 하여 질문을 하고, 그것에 대한 답을 표기한 내용도 있다는 사실이었다.

" 120두를 20호에 나누어 주려고 한다. 한 집에 쌀을 얼마나 주게 되는가? 답은 6두 "

이러한 내용을 순수하게 한자로 표기하여 예제와 풀이까지 기록한 수학책을 집필하여 공부하는 사람들이 스스로 혼자서 충분히 독학할 수 있게 했다는 것이다.

– 실학과 고학을 지향한 학자.

담헌 홍대용은 실학과 고학을 지향한 학자였다. 그는 어린 시절부터 실천 중심의, 실용 가능한 학문인 실학과 아래로 적용 가능한 학문인 고학에 뜻을 두었다. 그렇기 때문에 그에게 있어서 진실한 학문이란 실용, 민생, 일상에의 적용이 가능한 학문이라고 할 수 있다.

" 실학과 고학이 홍대용이 어린 시절부터 뜻을 두었던 학문적 지향이었던 것이다. (...) 또한 고학 역시 홍대용이 학문적으로 지향하는 바였다. 이송이 지은 홍대용 묘표에 따르면 그는 과거 공부를 그만두고 고학, 육예지학에 뜻을 두었다고 한다. 그가 북경에서 사귄 중국인 친구 엄성에게 보낸 편지에서 '고학에 종사할 수 있는 사람이 드물다.' 고 한탄한 데서도 그의 뜻이 역시 실학과 고학에 있었음을 알 수 있다. "

< 김도환, [정조와 홍대용, 생각을 겨루

다], (서연문답), 301 ~302쪽 >

그렇다면 홍대용에게 고학은 어떤 의미였을까? 한 마디로 그에게 있어서 고학은 현실에의 적용을 의미한 것 같다.

"홍대용에게 고학이란, '옛날의 교육은 그 어릴 때부터 이미 육예를 가르쳤으므로 장성해서는 비록 위로 도를 아는 데까지 미치지는 못하더라도 아래로 적용함에 어긋나지 않았다.' 라는 그의 글에서 보듯이, 단지 옛 방식으로의 회귀를 뜻하는 것이 아니라 현실에의 적용을 의미하는 것이었다. 반대로 실행, 실용이라는 것도 단순히 현실에 필요한 것을 넘어 고학으로 표현되는 유학적 이상이라는 지향을 놓지 않는 것이었다. 따라서 그에게 고학과 실학은 통일되어 있는 하나의 가치요 방법이었던 셈이다."

< 김도환, [정조와 홍대용, 생각을 겨루다], (서연문답), 302쪽 >

그는 또한 조선 후기의 문신이자 학자인 성대중(成大中)의 사상에 영향을 받았다. 그래서 그는 한 번도 실제로 만난 적이 없었지만, 그를 존경했고, '진고고재(振古高才)'라 평가하기도 했다.

담헌 선생은 공리공론에 치우친 당시 조선 주자학을 견딜 수 없었던 것이다. 그래서 그는 진실한 마음으로 실사를 행해야 한다는 실학을 추구한 학자였던 것이다. 이러한 사실에 대해 잘 설명해 주는 대목을 살펴보자.

"그는 당신의 조선 주자학이 보여주고 있던 공리공론적 측면과 허위성을 못 견뎌했으며, 시종일관 합리적이고 비판적인 연구 자세를 견지하였다. 또한 학문은 단순히 지식을 추구하는 것이어서는 안 되고 실천으로 연결되어야 함을 역설하였다. '학문은 진실한 마음에 있고 실천은 실사(實事)에 있으니, 진실한 마음으로 실사를 행해야 한다.' 실심실사(實心實事)의 학문,

이것이 홍대용이 구상한 실학의 기본 강령이었다."

< 박희병, [선인들의 공부법], 149쪽 >

– 행실에 구차함이 없어야 한다.

담헌 홍대용 선생의 문집인 [담헌집]을 보면 [논어]에 나온 '말에는 구차함이 없어야 한다' 라는 말에 대해 자신의 견해를 밝힌 적이 있다. 그가 주장하는 것은 한마디로 말에 구차함이 없기 위해서는 행실에 구차함이 없어야 한다는 것이다.

공부하는 선비라면 이렇게 말에 구차함이 없어야 하고, 나아가 행실에 구차함이 없어야 할 것 같다. 그가 밝히 견해를 자세히 살펴보자.

" [논어]에 이르기를, '말에는 구차함이 없어야 한다' 라고 했다. 말에 구차함이 없으면 명분에도 구차함이 없으리라는 것을 알 수 있고, 행실 또한 구차하지 않을 것이다. 그러므로 [논어]에서는 명분과 행실에 대해선느 언급하지 않고, 다만 '말에는 구차함이 없어야 한다.' 라고 말했던 것이다." < [담헌집]에

서, 박희병, [선인들의 공부법], 149쪽 >

행실에 구차함이 없기 위해서는 어떻게 하면 좋을까? 담헌 선생은 마땅히 해야 할 일을 하고, 죽은 뒤의 이름 따위에 마음을 두지 말라고 말한다.

" 군자가 선을 행함은 내가 마땅히 해야 할 일을 하는 것일 뿐이다. 그러니 죽은 뒤의 이름 따위에 마음을 두어서는 안 된다." < [담헌집]에서, 박희병, [선인들의 공부법], 149쪽 >

그의 말대로 무엇인가에 연연해하면 결국 그것에 갇히게 된다. 그렇게 되면 구차함이 생기고 마땅히 해야 할 일을 할 수 없게 된다.

글을 읽고 공부하는 선비라면 반드시 행실에 구차함이 없어야 하고, 그렇게 하기 위해서는 무엇인가에 마음을 두어서는 안 될 것이다.

필자가 생각하기에 공부하는 사람이라면 모름지기 이래야 할 것이라고 생각한다. 지식적인 측면에서 많은 것을 알고 있고 이해하고 있고 깨닫고 있다고 그 사람이 참 된 지식인이라고 할 수 없다고 생각하는 이유가 여기에 있다. 참 된 지식인이라면 말과 행실에 구차함이 없어야 하며, 무엇인가에 연연해하지 않아야 하고 마땅히 해야 할 일을 할 줄 아는 그런 사람이어야 한다고 생각된다.

– 남을 이기기 위해 공부하지 마라.

담헌 선생은 선비들이 남을 이기기 위해서 말을 하거나 자신의 박식함을 자랑하기 위해 말을 하는 것을 매우 경계했다. 또한 학자들이 너무 자신의 학문과 깨달음에 대해 자신감을 가지고 있는 것에 대해서도 경계했다.

" 학자의 병통 가운데 자신감이 지나친 것보다 더 나쁜 건 없다."

< [담헌집]에서, 박희병, [선인들의 공부법], 152쪽 >

자신의 학문이나 깨달음이 아무리 올바르다고 생각을 한다해도 그것이 지나치면 아무리 성인이더라도 잘못된 것이라고 말한다.

" 이단을 배척한 옛 성인의 태도에도 폐단이 없다고 할 수 없다."

< [담헌집]에서, 박희병, [선인들

의 공부법], 153쪽 >

담헌 선생은 무엇보다 학자라면, 남을 이기기 위해 세상에 아무 도움도 되지 않는 그런 헛된 말을 해서는 안 된다고 말한다.

“ 남을 이기려거나 자신의 박식함을 자랑하기 위해 세상에 아무 도움도 안 되는 헛된 말을 해서야 되겠는가.” < [담헌집]에서, 박희병, [선인들의 공부법], 153쪽 >

무엇보다 뽐내고자 하는 마음이 가장 심한 해악을 가져다 준다고 또한 그는 말한다. 그리고 뽐내는 마음의 근본은 자기 자신만을 귀하게 여기고 물(物)을 천하게 여기는 것이라고 말하기도 했다. 이러한 마음은 결국 남을 이기려고 하고 자랑하고자 하는 마음과 다를 바 없다고 생각할 수 있을 것이다.

그래서 담헌 선생은 ‘객기를 부려 이기기 좋

아함은 학문하는 사람의 고질적 병폐다.' 라고 말하기도 했던 것이다.

담헌 선생은 글을 널리 읽지 못 할 까 하는 것만 걱정하는 당시의 학자들의 학문하는 모습을 심히 걱정했다. 마음을 닦는 공부는 등한시 하고 저술을 많이 못할 까 하는 것에만 치우친다는 것이다.

옛날에는 책이 없었는데도 훌륭하고 어진이가 많이 배출 되었지만 지금은 책이 너무 많기 때문에 실천이나 마음을 닦는 데 노력하지 않기 때문에 인재가 줄어들고 있다고 말하기도 했다.

" 오늘날은 비록 학문을 좋아하는 사람이라 할지라도 1년 내내 부지런히 힘쓰는 건 글줄이나 찾든가 이것저것 참조하여 고증하는 일에 불과하다. 차라리 실천은 그만둘지언정 오직 글을 널리 읽지 못할까 하는 것만 걱정하고, 차라리 마음을 닦는 공부는 날로 황폐해질망정 오직 저술을 많이 못할까 하는 것만 걱정한다. 이런 까닭에 옛날의 학자는 책이 없는 것이 걱정이었고, 지금의 학자는 책이 너무 많아 걱정이다. 옛날에는 책이 없었는 데도 훌륭하고 어진 이가 배출되었건만 지금은 책이 많은 데도 인재가 날로 줄어드니, 이는 혹 고금의 운세가 서로 다르기 때문일까? 실은 책이 많은 까닭에 이런 결과가 초래되었다."

< [담헌집]에서, 박희병, [선인들의 공부법], 153쪽 >

담헌 선생의 문집을 통해 그가 남긴 글들을 볼 때 필자는 한 가지 결론을 내릴 수 있었다. 그것은 바로 '남을 이기기 위해 공부하지 마라'는 가르침이었다. 그리고 이 말은 다른 말로 하면, '마음을 닦기 위한 공부를 할 것이지, 박식함을 자랑하기 위한 공부는 하지 말라'는 말일 것이다.

남을 이기기 위해 경쟁심리에서 시작된 공부는

결국 모르면서도 아는 척 하게 되고, 그로 인해 더 큰 문제가 발생할 수 있음을 담헌 선생은 또한 경고했다.

" 억지로 해석하여 견강부회하는 것보다는 의문을 그대로 전하여 미상으로 놓아두는 것이 낫지 않겠는가." < [담헌집]에서, 박희병, [선인들의 공부법], 166쪽 >

– 명예와 이욕에 골몰하는 공부를 경계하라.

담헌 선생은 공부하는 이들 중에 어리석은 사람들은 명예와 이욕에 골몰하게 된다고 말했다. 진정한 선비라면 인의(仁義)에 침잠해야 하고, 조용히 예법을 행하는 그런 사람이어야 한다고 피력했다.

“반드시 인의(仁義)에 침잠하고 조용히 예법을 행하여, 천하의 부귀도 그의 뜻을 움직이지 못하고, 가난의 근심도 그 학문하는 즐거움을 그만두게 하지 못하며, 천자도 감히 그를 신하로 삼지 못하고, 제후도 감히 그를 벗으로 삼지 못하며, 세상에 나아가 도를 행할 경우 그 혜택이 온 세상에 미치고, 세상에서 물러나 숨을 경우 그 도가 천 년 동안 빛을 발하는 사람이라야 내가 말하는 선비이다. 이런 사람이야말로 진정한 선비라고 말할 수 있다.”

< [담헌집]에서, 박희병, [선인들의 공부법], 154쪽 >

담헌 선생이 생각하는 진정한 선비는 조용히 법도를 실천하고, 그 어떤 부귀도 유혹하지 못하고, 그 어떤 가난도 마음을 심란하게 하지 못하며, 그 어떤 것도 공부하는 즐거움을 포기하도록 하지 못하는 그런 사람이다. 또한 세상에 나가서 도를 행하게 되면 그 혜택이 온 세상에 미치고, 세상에서 물러나 있으면 그 도가 천 년 동안 빛을 발하는 사람이라야 선비인 것이라고 그는 말한다.

결국 선비라면 최소한 명예와 이욕에 골몰해서는 안 된다는 것이다. 이것은 어리석은 살마들이 빠지게 되는 어리석음이라고 말한다.

" 요즘 공부하는 이들은 입만 열면 성선(性善)을 말하고 말만 하면 반드시 정자와 주자를 일컫지만, 똑똑한 사람은 훈고訓詁에 빠지고, 어리석은 사람은 명예와 이욕에 골몰한다."

< [담헌집]에서, 박희병, [선인들의 공부법], 155쪽 >

담헌 선생은 진리와 본의는 사라지고 온통 헛된 학문으로 치닫는 이유가 바로 권세를 탐하는 마음과 이익을 노리는 마음 때문이라고 말했다. 뽐내기 위해, 헛된 명예를 구하고자 하는 마음에서 연유된 학문은 한 마디로 헛된 학문으로 치닫게 된다고 말한다.

" 아아, 슬프다! 도가 없어진 지 이미 오래구나, 공자가 죽은 후 여러 학자들이 도를 어지럽혔고, 주자의 가르침을 후세의 여러 유학자들이 혼란시켰다. 그 학문을 높인다면서 그 진리는 잊고, 그 말을 익힌다면서 그 본의는 잃어버렸다. 올바른 학문을 옹호한다는 건 사실 남에게 이기려는 마음에서 연유하며, 인(仁)으로 세상을 구제한다는 건 사실 권세를 탐하는 마음에서 연유하고, 명철하게 자기 몸을 보전한다는 건 사실 이익을 노리는 마음에서 연유한다. 이 네 가지 마음이 만연하게 되자 진리와 본의는 날로 사라지고 천하는 온통 헛된 학문으로 치닫는다."   < [담헌집]에서, 박희병, [선인들

의 공부법], 159 ~ 160쪽 >

결론은 학문하는 사람, 즉 공부하는 사람은 무엇인가에 욕심을 내면 결국 헛된 공부를 하게 된다는 말일 것이다. 공부하는 사람은 공부 그 자체를 추구해야 한다는 말이다. 명예나 부귀나 명성을 구하기 위해 공부를 하게 되면 결국 아무것도 얻지 못 하게 된다는 것이다.

– 입이 아닌 마음으로 읽는 독서를 하라.

담헌 홍대용 선생의 독서의 비결은 무엇이었을까? 한 마디로 그의 독서법에 대해 정리를 먼저 하자면, '책을 입으로만 읽지 말고, 마음으로 읽는 독서법' 이라고 말할 수 있을 것이다.

" 독서를 할 때 허세나 부리고 글을 정밀하게 보지 않는다든가, 억지로 어떤 구절을 뽑아내어 생각없이 입에서 나오는 대로 의문을 제기한다든가, 대답하는 말이 채 끝나지도 않았는데 관심을 딴 데로 돌린다든가, 한 번 묻고 한 번 대답하는 것으로 그치고 다시 생각을 하지 않는다면, 이는 더 알려고 하는 데에 뜻이 없는 자이니, 더불어 학문을 할 수 없다."

< [담헌집]에서, 박희병, [선인들의 공부법], 163쪽 >

담헌 선생은 마음이 들떠서 입으로만 읽고 마음으로 그 뜻을 헤아리지 않는 독서 습관을 질

타했다. 책을 읽을 때 절대 허세를 부리기 위해 읽지 말라고 경고 한다. 그렇게 허세를 부리게 되면 글을 정밀하게 읽지 못하게 되고, 생각 없이 입으로만 책을 읽게 되기 때문이다.

“나는 일찍이 ‘내 마음으로 남의 뜻을 헤아려 본다’ 라고 한 맹자의 말을 글 읽는 비결로 삼았다. 옛 사람이 쓴 글은, 비단 대의나 공리적(功利的)인 면에 있어서만이 아니라 서두, 결말, 전체적 구성과 같은 말단적인 기법에 있어서조차 작자의 뜻을 담고 있다. 그러므로 내 마음으로 옛 사람의 뜻을 헤아려, 서로 융합하여 간격이 없고 형해(形骸)를 벗어나 주객(主客)이 합치되면 이는 옛 사람의 정신과 식견이 내 마음에 사무쳐 이어지는 것이다. 이는 비유컨대 굿을 할 때 신(神)이 내리면 무당은 자기가 모르던 것을 환하게 알게 되지만 그것이 어디서 유래하는지 모르는 것과 같다. 능히 이와 같이 함으로써, 과거의 해석을 그대로 따르거나 진부한 견해를 답습하지 아니하고, 온갖 변화에 자유자재로 응하면서 마음으로 깨달은 것을 행해 간다면, 나 역시 옛 사람처럼 되는 것이다. 이렇게 글을 읽은 뒤에라야 비로소 오묘한 이치를 얻을 수 있을 것이다." < [담헌집]에서, 박희병, [선인들의 공부법], 163 ~ 164쪽 >

담헌 홍대용 선생의 독서의 비결은 바로 이것이었다. 마음으로 남의 글을 헤아려 보고, 마음으로 읽는 방법이었던 것이다. 즉 그에게 있어서 독서란 마음으로 뜻을 헤아리는 것이지, 절대 입으로만 외우거나 읽는 것이 절대 아니었던 것이다.

종일 글을 읽고 외운다고 해도, 그래서 스스로 만족을 얻고 지식을 얻는 다고 해도 그것은 작자의 본 뜻과 큰 간격이 있는 것 뿐만 아니라 본의에서 멀어지는 일이라고 말한다. 그래서 이러한 독서는 자신의 재주를 스스로 망치게 되는 결과를 낳게 된다고 말한다.

“ 지금 사람들은 종일 글을 외우고 읽어 글에서 눈이 떨어지지 않으며, 이로써 스스로 만족해한다. 그러나 생각이 들떠 있어 입으로만 읽고 마음으로 읽지 않으니, 작자의 본뜻과 비교해 볼 때 비단 열 겹의 간격이 있는 것만이 아니다. 그러므로 어찌 도에서 더욱 멀어지지 않겠는가, 이는 천하의 재주 있는 사람들을 망치는 일이다.”

< [담헌집]에서, 박희병, [선인들의 공부법], 164쪽 >

독서를 입이 아닌 마음으로 읽는 독서를 해야 하는 이유 중에 하나는 마음으로 깨닫지 못 한다면 결국 우쭐해져서 자신을 높이게 되고, 자랑하게 되고, 남에게 보여주게 되기 때문일 것이다. 그래서 책을 많이 읽은 학자들은 우쭐하게 되고 자기를 높이게 되므로 이를 경계해야 할 것을 담헌 선생은 경계하며 강조했다.

“ 학자는 우쭐하여 자기를 높인다. 문학가는

글은 화려하지만 진실성이 적다. 부귀한 집안의 자제들은 교만 방탕한 데 젖어 있고, 한미한 집안의 사람은 굽신거리며 순종하는 게 몸에 배어 있다. 마음이 순수한 자는 식견이 어둡고, 재주가 높은 자는 그 행실이 보잘것없다."

< [담헌집]에서, 박희병, [선인들의 공부법], 165쪽 >

우리가 독서를 할 때 입이 아닌 마음으로 해야 할 이유가 여기에 있는 것이다.

– 책을 읽을 때는 몸가짐을 바로 해야 한다.

그가 청나라 청년인 매헌 조육종이라는 이에게 편지로 독서하는 방법에 대해 쓴 글을 보면 마음으로 책을 읽어야 한다는 사실을 여기에서도 강조한 것을 잘 알 수 있다. 뿐만 아니라 책을 읽을 때는 너무 소리를 높이거나 몸을 흔들거나 눈을 돌리지 않아야 한다는 사실도 강조하는 것을 알 수 있다. 그런데 그 이유는 마음이 흐트러지고 정신이 달아나고, 기운이 떨어지기 때문이라는 것이다.

한 마디로 그가 강조한 독서법은 몸가짐을 바로 하여 마음과 정신이 흐트러지거나 달아나지 않고, 기운이 떨어지지 않고 보존되게 하는 그런 독서법이라는 것을 알 수 있다.

" 글을 읽을 때에는 소리 높이 읽어서는 안 된다. 소리가 높으면 기운이 떨어지기 때문이다. 눈을 건성으로 돌려서는 안 된다. 눈을 돌리면 마음이 달아나기 때문이다. 몸을 흔들어서도 안 된다. 정신이 흩어지기 때문이다.

글을 암송할 때 틀려서는 안 되고, 중복해서도 안 된다. 너무 빨라서도 안 되는데 너무 빠르면 조급하고 사나워서 맛이 짧기 때문이다. 그렇다고 너무 느려도 안 되는데 너무 느리면 늘어지고 방탕해져서 생각이 들뜨기 때문이다.

책을 볼 때에는 문장을 마음속으로 암송하면서 뜻을 곰곰이 생각하여 찾되, 주석을 참조하고 마음을 가라앉혀 궁구한다. 한갓 책에 눈을 붙이기만 하고 마음을 두지 않으면 아무 이득이 없다.

위에 말한 세 조목은 나누어 말하면 다르게 보이나, 마음을 한 곳에 집중하여 체득하기를 요구한 점에서는 같다. 모름지기 몸을 거두어 단정히 앉고, 눈은 책을 똑바로 보며, 귀는 거두어 들이고, 수족은 함부로 놀리지 말며, 정신을 모아 책에 집중해야 한다. 이러한 방법을 따라 쉼 없이 해나가면 뜻과 맛이 날로 새로워져 저절로 무궁한 묘미가 생기게 된다. “ < <매헌에게

주는 편지> 중에서 >

책을 읽을 때는 모름지기 몸을 거두어 단정히 앉고, 수족은 함부로 놀리지 말며, 정신을 모아 책에 집중하여 책을 읽어야 한다는 것이 담헌 선생의 지론이기도 하다. 그리고 이러한 본질적인 독서법 외에도 담헌 선생은 초학자로서는 기억하고 암송하는 독서법을 무시할 수 없다는 사실에 대해 말하기도 했다.

“ 본래 기억하고 암송하는 기송을 중요하게 여기지는 않지만, 초학자로서는 기송을 버리면 더욱이 기댈 데가 없다. 그러므로 매일 배운 것을 먼저 정확하게 암송하되 음독에 착오가 생기지 않도록 하는 것이 중요하다. 그런 뒤에 비로소 서산을 세우고 한 번 읽고 나서는 한 번 암송한다. 그 다음에 한 번 보고, 보고 난 다음에는 다시 읽어 모두 3,40번 되풀이 하고나서 그만둔다. 한 권이나 반 권을 다 배웠을 때에는 전에 배운 것까지 포함해 먼저 읽고, 그 다음에는 암송하고 보되, 각각 서너너덧 번 되풀이하고 그친다.”

< <매헌에게 주는 편지> 중에서 >

필자의 견해로는 담헌 선생이 암송을 강조한 것도 결국은 마음을 다 잡기 위해서이고, 책을 읽을 때 몸가짐을 바로 하게 하는 것도 역시 마음이 여기저기로 분산되거나 나누지 않고 책에 집중하도록 하기 위한 것이라고 생각이 든다.

insight in 조선 선비 1 _

' 선비가 지켜야 할 36가지 덕목 '

1. 하늘을 원망하지 않고 사람을 탓하지 않는다.
2. 이 세상에 도를 펴는 것을 자기 책무로 삼는다.
3. 나라가 위태로우면 목숨을 던진다.
4. 항상 세상을 걱정한다.
5. 널리 대중을 사랑한다.
6. 세상 모든 일을 감당할 수 있어야 한다.
7. 말보다 실천이 앞서야 한다.
8. 의리에 따라 행동한다.
9. 남의 장점은 이루어지도록 도와주고 나쁜 점은 이루지 못하도록 한다.
10. 가난을 마다하지 않는다.
11. 남이 자기를 알아주지 않을 까 걱정하지 않고, 자기가 남을 알아보지 못할 까 걱정한다.
12. 아첨하지 않는다.
13. 항상 반성하는 시간을 갖는다.

14. 몸을 닦고서 집안을 가지런히 한다.
15. 조상을 극진히 받든다.
16. 효를 조행의 기본으로 삼는다.
17. 성실하고 신용을 지킨다.
18. 허물이 있으면 당장 고친다.
19. 자기보다 나은 자를 벗으로 삼는다.
20. 일에는 민첩하고 말은 신중하게 한다.
21. 먹는 일에 배부름을 추구하지 않는다.
22. 거처에 편안함을 추구하지 않는다.
23. 이름을 바로잡는다.
24. 온화하면서도 엄하게 한다.
25. 위엄이 있으면서도 사납지 않다.
26. 아랫사람에게 묻는 것을 부끄러워하지 않는다.
27. 있으면서도 없는 듯하고, 가득 차 있으면서도 텅 빈 듯이 한다.
28. 남이 침범해도 맞받아 다투지 않는다.
29. 두루 친하되 편을 짓지 않는다.
30. 마음을 늘 편하고 너그럽게 지닌다.
31. 화합하나 뇌동하지 않는다.

32. 태연하나 거만하지 않는다.

33. 언제나 자기에게서 구한다.

34. 성현의 가르침에 따라 행동하고 자기 주견을 말할 때도 옛사람의 말씀을 인용한다.

35. 사사로운 일보다는 공적인 일을 앞세운다.

36. 내 마음을 미루어 남을 헤아린다.

insight in 조선 선비 2 _
'조선 시대 선비라면 반드시 읽어야 할 책'

1. 조선 후기 이덕무가 뽑은 명저 3 종 세트.

- 이이의 <성학집요> _ 개인과 제왕의 심성 수양.

- 허준의 <동의보감> _ 사람의 질병을 치료.

- 유형원의 <반계수록> _ 국가의 경제와 제도를 논함.

2. 19세기 학자 홍한주가 뽑은 명저 4종 세트.

- 이이의 <성학집요> _ 개인과 제왕의 심성 수양.

- 허준의 <동의보감> _ 사람의 질병을 치료.

- 유형원의 <반계수록> _ 국가의 경제와 제도를 논함.

- 이만운의 <문헌비고> _

3. 대중적인 인기로 조선시대를 대표하는 베스트셀러 3종 세트.

- 이중환의 <택리지> _ 조선 전 지역에 대한 인문 지식을 다룸.
- 홍만종의 <소화시평> _ 조선 시의 성과를 일목요연하게 정리.
- 작자 미상의 <춘향전> _ 조선 소설의 백미.

4. 일본 저술 가운데 유일하게 조선 선비들이 읽은 책.

- 테라시마 료오안의 <화한삼재도회> _ 사물과 현상을 그림으로 그리고
 간단한 설명을 붙인 책으로 도설식 圖說式 사전.

5. 18 ~ 19세기 실학자들이 읽고 크게 감명

받은 책.

– 이시진의 <본초강목> _ 의학, 생물학의 전무후무한 고전.

– 왕상진의 <군방보> _ 가장 오래된 꽃에 대한 백과사전.

– 테라시마 료오안의 <화한삼재도회>

6. 중국에 출간 된 조선 선비들의 책.

– 최치원의 <계원필경집>

– 허난설헌의 <난설헌집>

– 허준의 <동의보감>

7. 일본에서 출간 된 조선 선비들의 책.

– 유길준의 <서유견문>

– 김득련의 <환구음초>

– 박제형의 <조선정감>

– 김시습의 <금오신화>

< 출처 및 참조, 안대회, [선비답게 산다는 것], 247 ~ 262쪽의 내용을 쉽고 간단하게 요약 정리함 >

insight in 조선 선비 3 _ ‘조선 시대 선비들의 하루 일과’

오전

2 ~ 4 시 계명(鷄鳴) : 기상(여름철), 앎과 느낌을 개발하는 공부.

4 ~ 6 시 매상(昧爽) : 기상(겨울철), 새벽 문안, 뜻을 세우고 몸을 공경히 하는 공부.

6 ~ 8 시 일출(日出) : 자제들에게 글을 가르침. 독서와 사색.

8 ~ 10시 식시(食時) : 식사. 마음을 가다듬고 고요히 살핌.

10 ~ 12 시 우중(禺中) : 손님 접대, 독서.

오후

12 ~ 2 시 일중(日中) : 일꾼들을 살핌, 친지에게 편지. 경전과 역사의 독서.

2 ~ 4 시 일질(日昳) : 독서 또는 사색, 여가를 즐기거나 실용 기술을 익힘.

4 ~ 6 시 일포(日晡) : 식사. 여유 있는 마음

으로 독서. 성현의 기상을 본받는 묵상.

저녁

6 ~ 8 시 일입(日入) : 가족과 일꾼의 일을 점검함. 자제들 교육.

8 ~ 10 시 황혼(黃昏) : 일기, 장부 정리, 자제 교육, 우주와 인생, 자기 행동에 대한 묵상.

10 ~ 12 시 인정(人定) : 수면, 심신을 안정시키고, 원기를 배양함.

12 ~ 2 시 야반(夜半) : 깊은 잠, 밤기운으로 심신을 북돋움.

(전거 : 윤최식, [일용지결], 1880년) < 출처: 정옥자, [우리가 정말 알아야 할 우리 선비], 397쪽 참조

부록
 공부 관련 어록

 < 국내 공부 관련 어록 >

 "공부를 그저 출세의 수단으로만 여겨서는 공부도 잃고 나도 잃는다." _ 다산 정약용

 "백년도 못 되는 인생이 공부를 하지 않는다면 이 세상에 살다간 보람을 어디서 찾겠는가?" _ 다산 정약용

 "사람이 세상에 나서 책을 안 읽고(공부를 하지 않고) 무슨 일을 하겠는가?'
_ 다산 정약용

 "제대로만 익히면 1백 권의 책을 열흘에 해치울 수 있다. 공부에는 요령이 필요하다. 초서를 통해

그 요령을 익힐 수가 있다." _ 다산 정약용

" 실제에 쓸모가 없다면 하나마나한 공부다. 물론 학문 자체가 다 실용적일 수는 없고, 그래서도 안 된다. 다만 학문을 위한 학문, 학문으로 끝나는 학문이어서는 곤란하다. 학문을 함으로써 세상을 보는 안목이 툭 터지고, 식견을 깨칠 수 있어야 한다." _ 다산 정약용

" 인간으로 하여금 짐승과 벌레의 부류를 벗어나 저 광대한 우주를 지탱하게 만드니, 독서야말로 우리들의 본분이라 하겠다." _ 다산 정약용

" 학문은 천하의 공변된(공평한) 것이다. _ 다산 정약용

"학문하는 길에는 방법이 따로 없다." _ 연암 박지원

"선비가 하루 독서(공부)하지 않으면 면목이 곱지 못하고 언어가 곱지 못하고, 갈팡지팡하여 몸을 의지할 데가 없어지고 마음을 둘 데가 없어진다." _ 연암 박지원

"독서를 하면서 써먹을 것을 구하는 것은 모두 사심에서 비롯된 것인데, 해 마칠 때까지 독서를 해도 학문에 진보가 없는 것은 사의(私意)가 그것을 해치기 때문이다."

_ 연암 박지원

" 선비가 독서(공부)를 하면 그 은택이 천하에 미치고, 그 공덕이 만세(萬世)에까지 전해진다." _ 연암 박지원

"공부는 사람다운 사람이 되기 위해 누구나 해야만 하는 아주 가까이 있는 것이며, 특별한 사람만이 하는 것은 아니다" _ 율곡 이이

"공부는 죽은 뒤에야 끝나는 것이니 서두르지도 않고 늦추지도 않아야 한다."

_ 율곡 이이

"공부라는 것은 일상생활과 일 속에 있다. 평소에 행동을 공손히 하고 일을 공경히 하며 남을 진실되게 대하는 것, 이것이 곧 공부라고 할 수 있다." _ 율곡 이이

"공부를 하려는 노력은 늦춰서도 안 되고 조급하게 해서도 안 되며, 죽은 뒤에야 끝나는 것이다. 만약 그 효과를 빨리 바란다면 이 또한 이익을 탐하는 마음이다. _ 율곡 이이

" 사람이 이 세상에 나서 학문에 의존하지 않고는 올바른 사람이 될 수 없다. 이른바 학문이란 것은 역시 이상하거나 별다른 것이 아니

다. (...) 다만 학문하지 않은 사람은 마음이 막히고 식견이 좁기 마련이다. 그러므로 모름지기 글을 읽고 이치를 궁구하여 마땅히 향할 길을 밝힌 연후에야 조예가 올바르고 실천에 중도를 얻게 된다." _ 율곡 이이

" 요즘 사람들은 학문이 일상생활에 있는 줄은 모르고 망령되이 높고 멀어 행하기 어려운 것으로 생각하는 까닭에, 특별한 사람에게 미루고 자기는 자포자기한다. 이 어찌 불쌍한 일이 아니랴." _율곡 이이

" 사람이 비록 공부하겠다는 뜻을 가지고 있으면서도 용감하게 앞으로 나아가 학문을 이루지 못하는 것은, 오래된 습관이 가로막아 방해하기 때문이다." _ 율곡 이이

" 삼가 마음을 길러 근본을 세우고(居敬) 사

물의 이치를 궁구하여(窮理) 선을 밝히며, 힘써 행하여 실천하는 것(力行), 이 세 가지는 공부하는 사람이 죽을 때까지 해야 할 일이다."

_ 율곡 이이

" 공부하는 사람은 항상 그 마음을 학문에 두어야지 다른 일에 얽매여서는 안 된다. "

_ 율곡 이이

" 무릇 책을 읽는 사람은 반드시 단정히 앉아 삼가 공경하여 책을 대하며, 마음을 오로지 하고 뜻을 극진히 하여 글의 의미를 정밀하게 이해하고 깊이 생각할 것이며, 구절마다 반드시 실천할 방법을 찾아야 한다. 만일 입으로만 읽어서 마음으로 체득하지 못 하고 몸으로 실행하지 못한다면, 책은 책이고 나는 나니 무슨 이로움이 있겠는가?" _ 율곡 이이

"공부를 하고도 사람을 사랑할 줄 모른다면

공부를 제대로 한 것이 아니다." _ 퇴계 이황

"후일을 기다리지 말고 지금 당장 공부를 시작할 것이며, 의심하여 머뭇거리지 말고 자신 의 형편에 따라 힘을 써야 한다." _ 퇴계 이황.

"학문하는 것은 거울을 닦는 것에 비유할 수 있다. 거울은 본래 밝은 것이지만, 먼지와 때가 겹겹이 덮혀 있어 약을 묻혀 씻고 닦아야 한다." _ 퇴계 이황.

"공부란 한번 껑충 뛰어서 도달하는 것이 아닙니다. 이전에 1,2년 만에 공부를 완성할 수 있다고 기약한 적이 있는데, 뜻을 그렇게 가졌다면 참으로 거칠고 잘못된 생각이라고 하지 않 을 수 없습니다. 공부는 평생을 걸쳐 해야 하는 막중한 사업입니다." _ 퇴계 이황

"글을 읽는(공부를 하는) 가장 중요한 목적은 반드시 성현들의 말씀과 행동을 본 받아서 그것 을 자기 것으로 만들 수 있는 경지에까지 도달하는데

있다."　　　　　_ 퇴계 이황

" 학문을 넓게 배우되, 이를 자기 것으로 소화해서 그것에 힘입어 자신의 경지를 높이고 그 높은 경지에서 모든 사물을 환히 내려다보는 고명(高明)이 있고서야 행함이 도에 어긋나지 않고 세상의 쓰임에 이롭지 않은 것이 없다."　　　　_ 남명 조식

"공부하는 사람은 잠을 많이 자서는 안 된다. 사색하는 공부는 밤에 더욱 온전히 되기 때문이다."　　　　_ 남명 조식

" 학문이란 모름지기 스스로 깨침을 귀하게 여긴다. 한갓 책에 의존하여 알게 된 이치일 뿐이고 자기 마음속에서 참되이 깨달은 게 아니라면, 결국 아무 소용이 없다. 마음속에서 참되이 깨달은 것은 입으로 말하기 어렵다. 그러므로 학자는 말 잘하는 것을 귀하게 여기지 않는다."
_ 남명 조식

“ 요즘 공부하는 자들을 보면, 생활 속의 작은 일들은 몸소 실천할 줄 모르면서 입으로만 천리(天理)를 말해 명성이나 얻고 남을 속이려 한다.” _ 남명 조식

“ 치지(致知)와 함양(涵養)은 둘 다 병행해야 할 공부이다. 그러나 초학자에게는 치지가 먼저다. 치지는 독서하고 궁리하는 것으로 요점을 삼는다. 그러니 어찌 전적으로 함양에만 의존할 것인가? ” _ 성호 이익

“ <독서는> 모름지기 이렇게 해야 한다. <공부는> 맹장(猛將)이 병사를 부릴 적에 한 번 진을 쳐서 적을 무찌르는 것처럼, 혹독한 관리가 법을 적용할 적에 심각하게 하여 전혀 인정이 없는 것처럼 해야 한다.” _ 성호 이익

“ 경전을 연구하는 사람은 반드시 그 본뜻을 연구하고 철저히 방증하여 자신을 수양하고 세상을 편안케 하는 근본으로 삼아야 한다. ” _ 성호 이익

“경전을 연구하는 것은 장차 세상에 활용하기 위해서다. 경전에 대해 말하면서 그것을 천하만사에 활용하지 않는다면 이는 그저 글자를 읽는데 불과하다.” _ 성호 이익

“자신의 덕을 날마다 새롭게 하는 공부를 오랫동안 하다 보면 게을러져서 교만하고 인색한 마음이 생기고, 그러면 곧 자만심이 싹튼다. 자만심이 싹트면 남이 자기만 못하다고 여기게 되고, 남이 자기만 못하다고 여기면 자기 마음대로 하게 된다. 자만심, 남이 자기만 못하다고 여김, 자기 마음대로 함, 이 세 가지가 차례로 연달아 닥침은 비유컨대 식초에 초파리가 덤비고 양고기에 개미가 모이는 것과 같다. 그러므로 날마다 덕을 새롭게 하는 공부는 마치 넝쿨을 잡고 높은 데로 올라가는 것처럼 더디고 힘들다는 사실을 알아야 하고, 자만심의 해악은 언덕을 달려내려오는 것처럼 빠르고 쉽다는 사실을 알아 경계해야 한다.”

_ 성호 이익

“명색은 책을 읽는다 하면서 실제 몸으로 행하지 못하면 문장을 아름답게 꾸미게 하고 입만 번지르르하게 하는 도구일 뿐이니, 진정한 학문(공부)이 아니다 “ _ 명재 윤증

“ 쉬지 않는 공부를 한 뒤에라야 나중에 성취를 할 수 있다.” _ 명재 윤증

“ 이른바 공부는 마음을 경동(驚動)시켜 성질을 참고 견디며, 의(義)를 정밀하게 하고 인(仁)을 익숙하게 하는 일입니다.”

_ 명재 윤증.

“ 독서하다 의심이 있으면 메모하는 공부가 가장 착실한 것이 됩니다. 그러면 남에게 묻기를 기다리지 않고서도 훗날 스스로 깨닫는 점이 많을 것입니다. 이에 대해 힘을 써야 합니다.” _명재 윤증.

" 무릇 책을 보다가 의심이 생기거나 일을 하다가 의심이 들면 손 가는 대로 메모를 해 두었다가 남에게 물어보십시오. 터득하는 것이 있으면 또한 메모했다가 뒤에 살펴보는 자료로 삼으십시오. 메모하는 공부는 매우 좋습니다. 의심이 있거나 터득함이 있는데 이를 방치하면 잊어버리게 되며, 끝내는 득력할 곳이 없게 됩니다." _ 명재 윤증

"옥도 다듬지 않을 수 없고, 재목도 깎지 않을 수 없으며, 사람도 배우지 않을 수 없는 것이다. 사람으로서 배울 줄 모른다면 지혜롭다고 할 수 없다' _ 담헌 홍대용

"안자(晏子)와 맹자의 자질도 배우고 닦지 않으면 범부, 천졸(賤卒)에서 벗어나지 않을 것이 다." _ 담헌 홍대용

" 사람으로서 배울 줄 모른다면 지혜롭다고

할 수 있겠으며, 알면서도 행하지 못한다면 의롭다 할 수 있겠으며, 할 줄 알면서도 힘껏 하지 않는 다면 용기가 있다고 할 수 있겠는가? “
_ 담헌 홍대용

“ 요즘 공부하는 이들은 입만 열면 성선(性善)을 말하고 말만 하면 반드시 정자와 주자를 일컫지만, 똑똑한 사람은 훈고訓詁에 빠지고, 어리석은 사람은 명예와 이욕에 골몰한다.”
_ 담헌 홍대용

“ 학문을 하는 데 늦고 빠른 것이 어디에 있느냐?” _ 점필재 김종직

‘학문을 하는 까닭은 기질을 능히 변화시키기 위함이다.’ _ 덕계 오건

“ 학문(공부)이란 본래 평화로운 것이다. 인간사의 분쟁을 학문을 통해 화해시키고, 정치가 도리를 잃은 것을 학문을 밝혀 바로잡으니, 혼란을 막고 위기를 구해주며 어리석은 것을

깨우치고 악을 감화시키는 것이 바로 학문의 본의이다. _ 혜강 최한기.

" 가르치고 배우는 것은 두 가지 일이 아니다." _ 혜강 최한기.

" 중년에 이르러 학업의 진취가 있는가의 여부와 많은가 적은가의 여부는 공부하는 사람 자신에게 달려 있다." _ 혜강 최한기.

" 학문의 성취는 무엇으로 기준을 삼을 것인가? 하늘과 사람의 큰 도를 분명히 이해하여 자기 몸에 실천하고 후학을 위해 길을 열어주는 것, 이것이 바로 그 기준이다."

_ 혜강 최한기.

" 도는 사람에게서 멀리 있지 아니하나니, (누구나) 공부하면 성인이 될 수 있다."

_ 화담 서경덕

“ 군자가 공부를 귀히 여김은, 공부를 통해 그침(止)을 알게 되기 때문이다. 공부를 하고도 그침을 모른다면 공부하지 않은 것과 무엇이 다르겠는가.” _ 화담 서경덕

‘ 공부하는 데 있어 사물을 궁구하는 것을 먼저 하지 않는다면 독서를 한들 무슨 소용이 있겠는가!’ _ 화담 서경덕

“ 옛 사람이 말하기를 ‘생각하고 또 생각하면 귀신이 통하게 해준다.’ 라고 했는데, 귀신이 통하게 해주는 게 아니라 마음이 스스로 통하는 것이다.” _ 화담 서경덕

“ 나의 학문(공부)은 모두 스스로 고심하고 온 힘을 다해 얻은 것이다.”

_ 화담 서경덕

“ 옛날에는 공부를 하는 데 말을 많이 하지 않았습니다. 극기복례를 말하면 바로 실제의 극기

복례하는 공부를 했습니다. 그러므로 단지 '극기복례' 네 자만으로도 성인이 될 수 있었습니다. 오늘날에는 말이 매우 많아졌지만 원래 실제의 공부가 없습니다. 그러므로 또한 실제의 효과가 없는 것입니다." _ 우암 송시열

" 학자에게 귀한 것은 자신의 심지(心志)가 안정됨으로써 사려(思慮)가 맑고 밝게 되는 것이다. 그런 뒤에 격물치지(格物致知)의 궁리공부(窮理工夫)를 비로소 조처함이 있게 된다. 마음에 배양하고 함축한 힘이 없으면, 이른바 박학(博學)하고 심문(審問)하고 신사(愼思)하고 명변(明辯)하며 성찰(省察)하고 극치(克治)하는 공부가 어디에 의지하고 근거하겠는가? " _ 서애 유성룡

" 글 읽는 횟수는 시간을 배정해야 하고, 배정된 시간을 넘나들어 더 읽기도 하고 덜 읽기도 해서는 안 된다. 나는 어릴 때 하루도 공부하는 과정을 빼먹은 적이 없었다. 아침에

40, 50 줄을 배워서 하루 50번을 읽었는데, 아침부터 저녁까지 다섯 차례로 분배하고 한 차례에 열 번씩 읽었다." _ 청장관 이덕무

< 해외 공부 관련 어록 >

" 옛날 사람들은 자기를 위해서 공부하였는데, 오늘날 사람들은 남의 환심을 사기 위해서 공부한다.(고지학자위기古之學者爲己, 금지학자위인今之學者爲人)" _ 공자, [논어] (헌문편)

" 곤경에 처했는데도 공부하지 않는다면 이는 곧 최하위의 사람이다.(곤이불학困而不學, 민사위하의民斯爲下矣)." _ 공자, [논어] (계씨편)

“ 배우기만 하고 생각하지 않으면 갈피를 잡을 수 없고, 생각하기만 하고 배우지 않으면 위험하다.(학이불사즉망學而不思則罔, 사이불학즉태思而不學則殆”

_ 공자, [논어] (위정편)

“배우길 좋아하고 깊이 생각하면 마음으로 그 뜻을 알게 된다(好學深思 心知其意)” ”

_ 사마천, [사기], 오제본기.

“ ‘만 권의 책을 읽으면 글을 쓰는 것도 신의 경지에 이른다. 讀書 破萬卷 下筆 如有神’

_ 두보.

“ 공부의 적은 자기만족이다. 진지한 공부는 반드시 불만족에서 시작되어야 한다.”

_ 모택동.

공부 관련 고사성어

과골삼천(踝骨三穿) _ 다산 정약용 선생이 강진 유배 시절 18년 동안 500권의 책을 저술 하실 정도로 매일 공부와 저술에 전념하면서 복사뼈에 세 번이나 구멍이 뚫렸을 정도로 열심히 공부하는 것을 말하는 고사성어.

판권

초판 인쇄: 2026년 1월 5일
초판 발행: 2025년 1월 5일

펴낸이: 김병완
펴낸곳: (주) 플랫폼연구소

출판등록: 제 2020-000075호

이메일: pflab2020@naver.com

주소:서울시 강남구 삼성동 116 백우빌딩 402호

ISBN 979-11-24195-53-6(03010)